LEONOR FINI
Das große Bilderbuch

Idee und Text
von
Leonor Fini

Umbruch
von
José Alvarez

Desch

LEONOR FINI
Das große Bilderbuch

Aus dem Französischen von Edith Heuser und Castor Seibel.

© 1975 Ehem. Verlag Kurt Desch Edition GmbH, München
Alle Rechte, einschließlich derjenigen des auszugsweisen Abdrucks
und der fotomechanischen Wiedergabe, vorbehalten.
Leonor Fini wird weltweit vertreten durch die Galerie Altmann-Carpentier, Paris.
Druck: Offsetdruck Héliographia S.A., Lausanne
Photolithos: Centre graphique électronique Zuliani S.A., Montreux
Einband: Mayer & Soutter S.A., Renens-Lausanne
Printed in Switzerland 1975
ISBN 3-420-04737-1 (Normalausgabe)
ISBN 3-420-04740-1 (Vorzugsausgabe)

Jemand spricht, der mir ähnlich ist.
J. P.

Ich male Bilder, die es nicht gibt, Bilder, wie ich sie aber sehen möchte. Auch das war ein Anlaß zu diesem Buch. Ich wollte das, was ich liebe, und das, was ich male, nebeneinander sehen: das, was ich sehe, und das, was ich mache. Freilich, nicht alles, was ich liebe; dies hier ist nicht mein imaginäres Museum, sondern eher ein Idealort, der meiner Malerei entspricht. Das sagt mir eher zu als eine Monographie. Ein Leben lang nährt sich die Einbildungskraft von Bildern; hier sind einige Stationen meines Lebensweges. Als wir an diesem Buch zu arbeiten begannen, haben José Alvarez und ich Hunderte von Photos auf der Erde ausgebreitet; wir spielten mit ihnen wie mit Dominosteinen. Eine Erinnerung haftet an einem Bild, dieses an einem Gegenstand, der wiederum an einem anderen Bild, dieses schließlich an einer Stadt. Die Photos fügen sich aneinander wie die weißen Punkte auf den Dominosteinen.

Von Triest aus, wo ich als Kind gelebt habe, führte uns die Logik des Zufalls nach Paris, nach Wien, nach Korsika, an die Loire. Dazwischen finden sich Reiseerinnerungen wie das tote kleine Mädchen in der Kapuzinergruft von Palermo.
So entstanden Gruppen, und ich gab ihnen die Namen einiger meiner Bilder. Wie in einem Heft habe ich dort Anmerkungen niedergeschrieben, wo ich Lust dazu hatte. Ich füge einige Zitate hinzu und Fragmente von Erzählungen, wie ich sie zuweilen schreibe.

Leonor Fini

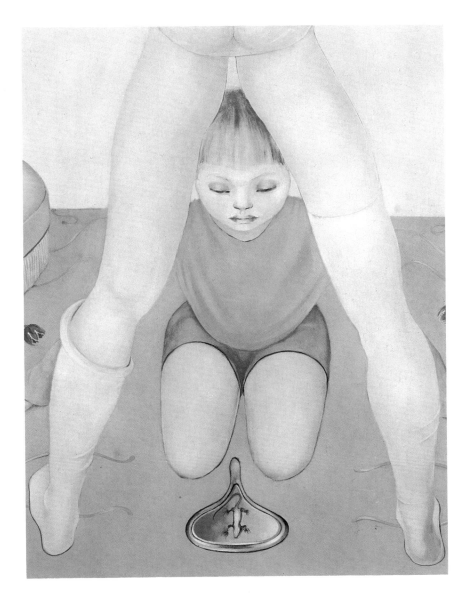

KINDERSTUBE

Triest ist eine große Kleinstadt, geweitet durch den großen
Wind und das Meer ...

Die kleine rosa
Porphyrsphinx am
Schloß Miramar – ein
Lieblingsplatz
von mir.

Diese Fratzen –
Barbarengesichter, oft unter einer
Pelzmütze – sah ich an meinen
Spazierwegen und wenn ich
zur Schule ging (ich schwänzte sie
oft, um in den verbotenen Vierteln
umherzustreifen, wo mich die
Unordnung anzog, die Trödlerläden,
das Sammelsurium der armenischen,
türkischen, griechischen
Wiederverkäufer). Sie unterscheiden
sich so sehr von den prachtvollen
Fratzen anderer italienischer
Städte. Es waren slawische
Krieger.

Am Fuße der Statue Maximilians von Österreich
betrachtete ich diese beiden allegorischen
Figuren: die Handelsmarine – die Reisen in die
Ferne. Zwei Darstellungen der
Weiblichkeit, die über eine
Stadt triumphiert.

In Triest gibt es einen Glockenturm,
auf dem zwei männliche Figuren die Stunden
schlagen. Eines Tages wurden sie zum
Restaurieren heruntergenommen,
und ich merkte, daß es zwei Riesen waren.
Um ihren drohenden oder vielleicht auch
nur strengen Ausdruck zu besänftigen,
gaben die Triestiner ihnen spöttisch die
slowenischen Kosenamen Mikez und Jakez.

»Cinema Eden«, Ort meiner Entzückungen. Das Eden,
in dem ich mich in den Bildern versinken ließ. Dort sah ich
und sah immer wieder Conrad Veit in »Das indische Grabmal«,
Lon Chaney in »Im Osten von Sansibar«, Nita Naldi in »Cobra«,
Alla Nazimova in »Salomé«, May Murray in »Circe«, »Foolish Wives«
von Stroheim, Rina da Liguoro in »Messalina«, Ben Turpin, Charlot,
Buster Keaton und die »Vampyres Babystars«.

Ein Balkon und die Fenster eines der Häuser meiner Kindheit.

Weil ich sie viel monumentaler, noch majestätischer und eingeschnürt kannte, schaute ich mir dieses Photo meiner Großmutter und ihrer Schwestern (die natürlich von meiner Urgroßmutter begleitet wurden) im Ruderdress oft lange an. Ja, genauso angezogen, ruderten sie in einer wirklichen Barke auf dem wirklichen Adriatischen Meer. Das fand man damals ziemlich anstößig.

Großtante Amalia und Großonkel Spiro als Türken gekleidet, als sie noch in Konstantinopel wohnten.

Auf diesem Bild ist der Cousin meines Großvaters zu sehen, Onkel Bozidar, ein ehemaliger Oberst der österreichischen Armee, den ich allerdings nicht in dieser Kostümierung kannte.

Mein Großvater und mein Großonkel Ottokar. Sie waren deutscher Herkunft und wohnten lange Zeit in Sarajewo, das damals noch zu Österreich gehörte.

Mit sieben Jahren zeichnete ich meine erste Eisenbahn!

Haus meiner Kindheit, Vasen von Gallé, mit Büchern vollgestopfte
Bibliotheken, der Geruch von Zimt in den Gängen ...
An einer Wand des Salons sah ich diese Graphik von
Franz von Stuck. Sobald ich lesen konnte, fragte ich,
was denn das Wort »Sinnlichkeit« bedeute, das darunter stand.
Man antwortete mir: »La sensualità«.
»Und was heißt: La sensualità«?
Unweigerlich kam die Antwort: »Die Sinnlichkeit«!
Durch diese Antwort fühlte ich mich ausgeschlossen.
Das sind die Bedingungen, die die Eltern den Kindern auferlegen.
Meine Großtanten, meine Großmutter im Schmuck ihrer
Lockenpracht; Poker, Türkischer Café;
zwischen diesen imposanten Karyatiden wuchs ich auf.

Als ich elf Jahre alt war,
versuchte ich mit
Wasserfarben auf
feuchtem Papier Porträts
der Freundinnen meiner
Mutter zu malen.

Mit etwa siebzehn Jahren fing ich an, in Öl zu malen. Dieses weißgekleidete junge Mädchen hielt geheime Zwiesprache mit den Statuen des Gartens; und der Friseur-Gehilfe steht bestürzt vor der Wachspuppe.
Diese Bilder nannte ich schon damals: »Zeremonien«.

ZEREMONIEN

Jedwede profane, alltägliche Verrichtung würde, wenn sie sich im Zeitlupentempo mit Augenblicken der Bewegungslosigkeit und in vollkommener Stille vollzöge, als Zeremonie erscheinen. Ein Licht, dessen Quelle man nicht erkennt, gibt der Zeremonie dieses Unausweichliche, das den Augenblick festhalten will. Gesten werden mehr als Gesten, sie gewinnen an Bedeutung. Oft habe ich so die Wahrheit zu sehen geglaubt.

Die Malerei ist bewegungslos und stumm, und so liebe ich sie. In den Zeremonien hingegen sehe ich, wie die mögliche Geste gerinnt, und ich fände es schön, wenn man in ihnen auch den unüberhörbaren Teil der Stimmen vernähme; so, wie in der »Peine capitale« jene gefangene Mädchenstimme, die man gegen Ende des Films »Der Vampir« von Dreyer hört: Gefroren im Hauch eines Nebelschwadens und mit dem langezogenen Ruf: Lé ... oooo nne...

Für die »Casta Diva« stelle ich mir die metallene, gutturale, mit fremdem Akzent sprechende Stimme der Zwergin vor aus »Turandot« von Pintillié, wenn sie verkündet: ... L' Enigg g g g g me ...

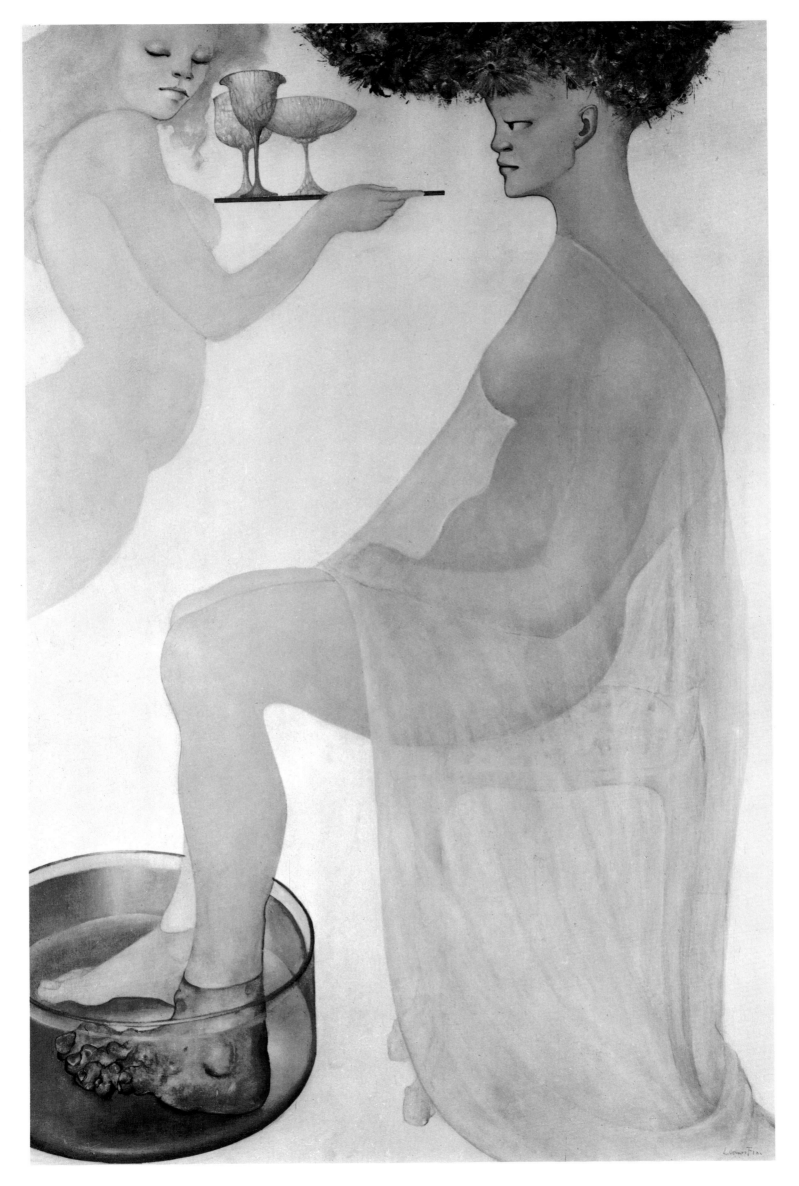

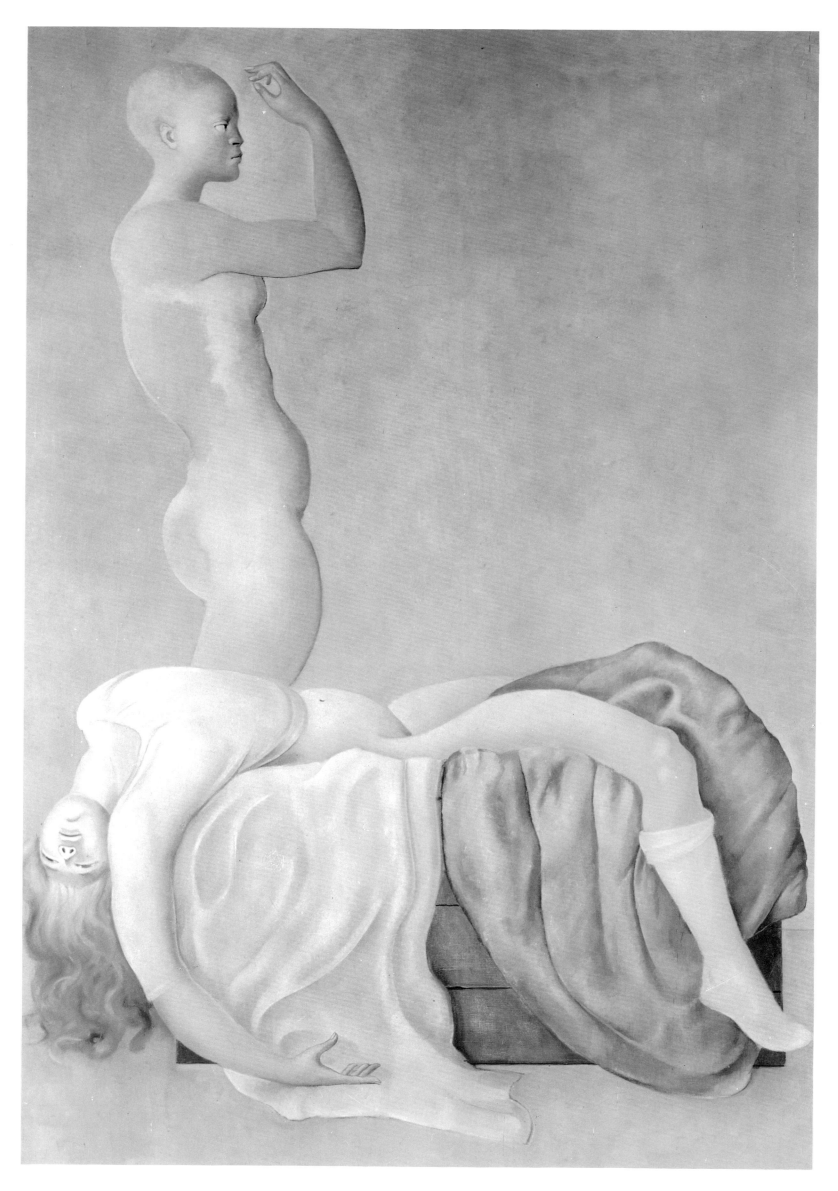

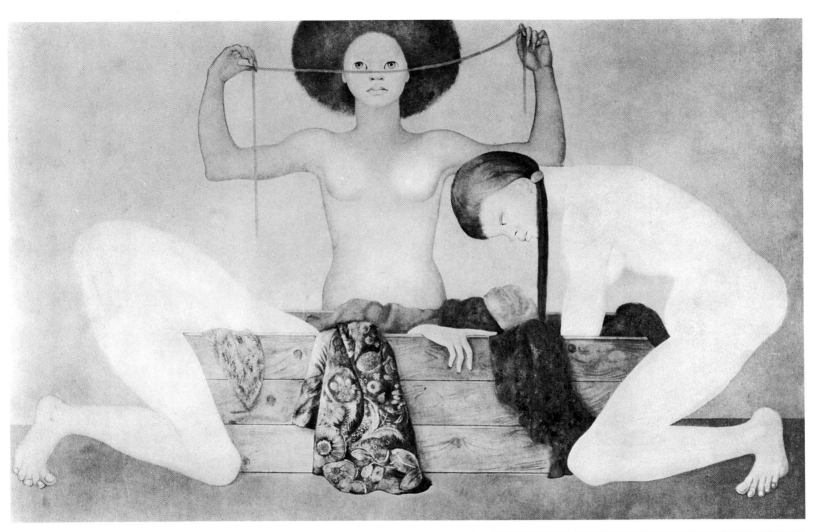

Als Kind verabscheute ich es, mich photographieren zu lassen; ich floh wie die Muselmanen und verdeckte mein Gesicht. Erst nach und nach fand ich es interessant, ein Gesicht zu haben: als Beweis meines Daseins. Von den Spiegeln bin ich dann zu den Photographen übergegangen, die mich seither immer wieder photographiert haben: verkleidet, kostümiert oder ganz alltäglich.

Ich habe die Momentaufnahmen nie gemocht, denn nichts ist so falsch wie das starre »Naturell«. Nur die »Pose« gibt Aufschluß, und ich bin neugierig, ja amüsiert, meine Vielfältigkeit – die ich gut zu kennen glaube – in diesen Bildern zu sehen. Man hat mir oft gesagt: »Sie hätten Schauspielerin werden sollen.« Aber nein – nur die unausweichliche Theatralik des Lebens interessiert mich wirklich.

Dieser herrliche Mantel mit seiner funkelnden Stickerei wurde mir in meinem korsischen Kloster gestohlen. Nur er wurde entwendet, kein weiteres Kleidungsstück, kein anderer Gegenstand. Der Dieb – das habe ich später erfahren – war ein sardischer Hirte; man erzählt, daß er, während er schlief, den Mantel neben sich auszubreiten pflegte. Und man fügte hinzu, daß er den Mantel vergraben hat, als er sich erkannt wußte. Man hat mir diesen Mantel niemals zurückgeben wollen, und vielleicht – wer weiß – ist er dadurch nur noch schöner geworden.

Stoffe und Gewebe haben einen Zauber für mich, eine starke Anziehungskraft wie für die »Tarantulati«, viel mehr als Kleider.

Für die »Tarantulati« in Apulien sind die Stoffe mit zahlreichen Bedeutungen durchwoben; sie kaufen sie mit ihren letzten Ersparnissen oder stehlen sie einfach, um sie während der Beschwörungszeremonie auf sich zu tragen und um sich zu spüren.

Ich war noch ein Kind, als ich von einem Tag zum anderen den Reiz der Masken und den Zauber der Verkleidungen entdeckte. Sich zu kostümieren, gewährt die Empfindung, in eine andere Dimension zu schlüpfen, die Art und den Raum zu verändern. Es bedeutet, sich als Riese zu fühlen, sich in Pflanzen zu verwandeln oder in Tiere; ja, sogar sich für unverletzlich zu halten und außerhalb der Zeit zu stehen, unterzutauchen in vergessenen Ritualen ...

Sich zu verkleiden ist ein schöpferischer Akt. Man empfindet sich als eine andere Person. Man wird ein anderer oder wirklich man selbst. Es geht darum, sich zu verwandeln, so schillernd und vielfältig zu erscheinen, wie man sich in seinem Innern fühlt. Es sind eine oder mehrere Darstellungen der eigenen Person, die Entfesselung der Phantasmen, die man in sich trägt, ein Schöpfungsakt im Urzustand. Das geht weit über den Narzißmus hinaus. Ein narzistisches Geschöpf hätschelt und liebt nur sein eigenes Bild. In der Verkleidung dringt man in andere Gestalten ein, und man wird um so mehr und faszinierender zum Schauspiel seiner selbst, als man auch in der Trance, in die man gerät, noch immer sich selber spürt.

Diese Gemütsverfassungen führen in eine flammende Vereinsamung. Sie sind zugleich ein Zustand des Nicht-Lebens, denn man erfährt in diesen Augenblicken, wie die Welt, die um uns ist, sich auflöst. Man kann dabei in einen hochmütigen Rauschzustand geraten, der von gewissen Leuten als Negation, als Verweigerung bezeichnet wird. Ich glaube, daß die Mechanismen, die sich in den »Transvestiten« abspielen, genau so verlaufen. Daher, und lange, ehe sie Mode wurden, interessierten mich die Transvestiten und faszinierten mich.

Schon immer habe ich gedacht, daß die Attribute der Menschen dürftig sind. Ich habe die Tiere beneidet um ihre harten Krallen, ihre dröhnenden Hufe, ihre glitzernden phosphoreszierenden Schuppen, um ihr dichtes Fell – vor allem aber um ihre Hörner.

Hörner erlauben so anmutige Kopfbewegungen – sie verleihen einen aparten Gang, Würde, Hochgefühl und, – wenn es sein muß – etwas Drohendes. Heutzutage wären so breite Schaufeln, wie der Elch sie trägt, oder das weitverzweigte Rentiergeweih hinderlich. Die Zeit ist nicht mehr danach, den Kopf groß herauszustellen, ihn zu feiern. Lieber als das geschwungene Gehörn des Mufflons, als das mächtige Geweih des Hirsches sind mir die vollkommenen, geringelten Hörner der Gemse, auch wenn sie ein bißchen weniger gerade sind als die, die ich immer wieder automatisch und in den verschiedenartigsten Spirale zeichne. Ich liebe diese Hörner, wenn sie, in Gold getrieben sich verwandeln: auf ihrem Sockel werden sie zum Amulett, zum Fetisch, zum Talisman.

Ein Wimpernschlag: und sie werden zu einer Halsspange von unnachgiebiger Zärtlichkeit: sie werden zu einem drohenden und schützenden Armreif oder zu einem Orden in Gestalt von Hörnern, dem man noch einen Sinn geben müßte.

FESTE IM LEEREN

Während bestimmter Kulturepochen stellte das Fest eine Befreiung dar; das entsprach einer weltumfassenden Auffassung von Leben und Tod, in der alles einer ewigen Wiederkehr unterworfen schien: Jahreszeiten, Ahnen, Götter.

Mich faszinieren vor allem jene Epochen, in denen die Feste aus scheinbar grundlosem Überfluß als absurde Entfesselung erfunden wurden, so wie die Feste Heliogabals, die Aelius Lampridius beschreibt.

Er ließ als erster die Betten mit golddurchwirkten Decken überziehen, was später von Marc Aurel zum Vorwand genommen wurde, das ganze kaiserliche Mobiliar öffentlich versteigern zu lassen. Im Sommer gab Heliogabal Bankette in verschiedenen Farben: an einem Tag dunkelgrün, am andern hellgrün, am dritten Tag blaugrün, nie aber durfte es die gleiche Farbe ein zweites Mal sein.

Er war der erste, der silberne Wärmepfannen und silberne Kochkessel benutzte. Er besaß hundertpfündige Silbervasen, die manchmal mit obszönen Darstellungen verunziert waren. Er ließ sich den Wein mit Mastix parfümieren und erfand vieles andere, was unser heutiger Sinn für Luxus noch nicht wieder vergessen hat. Den Rosenwein, den er zwar nicht erfunden hat, machte er würziger durch die Zugabe von zerriebenen Pinienzapfen. Immerhin ist diese Art von Getränken vor Heliogabal nicht belegt. Sein Lebenszweck war es, neue Vergnügungen auszuhecken. Er war der erste, der Hachées aus Fischen bereitete, aus verschiedenen Austernarten, aus Meermuscheln, aus Langusten, Krebsen und Meerzwiebeln. Mit Rosenblättern bestreute er die Speisesäle, die Betten und die säulengeschmückten Terrassen, auf denen er wandelte; er verschmähte aber auch andere Blumen nicht wie Lilien, Veilchen, Hyazinthen und Narzissen. Er nahm seine Bäder nur in köstlich parfümierten oder mit Safran gefärbten Becken. Die Kissen, auf denen er sich ausstreckte, waren mit Kaninchenhaar gefüllt oder mit Rebhuhndaunen, außerdem wechselte er die Kissen oft.

Für die Gäste an seiner Tafel schrieb er Losgewinne auf die Löffel. So konnte der eine »Zehn Kamele« gewinnen, ein anderer »Zehn Fliegen«, ein dritter »Zehn Pfund Gold«, ein vierter »Zehn Pfund Blei«, ein Fünfter »Zehn Strauße«, ein Sechster »Zehn Hühnereier«; das waren wirklich Lotteriegewinne, und der Zufall war Herr. Auf die gleiche Weise verfuhr er bei den Spielen, die er veranstaltete, wobei er als Gewinne zehn Bären, zehn Siebenschläfer, zehn Salate, oder zehn Pfund Gold aussetzte.

Er führte die Lotterie ein, so wie wir sie heute noch haben. Er ließ sie von Schauspielern veranstalten und als Gewinne einmal tote Hunde, ein andermal ein Pfund Rindfleisch oder hundert Goldstücke, wohl auch tausend Silberstücke in die Tombola einbringen. Das Volk war davon so hingerissen, daß es sich beglückwünschte, ihn als Kaiser zu haben. Man erzählt, daß er Schiffswettkämpfe in der mit Wein gefüllten Arena gab, daß er mit vier Elefanten bespannte Quadrigen auf die vatikanischen Gefilde schickte, nachdem er zuerst die Gräber, die im Wege

waren, hatte zerstören lassen. Man erzählt auch, daß er von den Marspriestern Schlangen einfangen ließ, um sie in der Morgenfrühe, wenn das Volk zu den großen Spielen ging, freizulassen; viele starben an den Schlangenbissen oder auf der panischen Flucht. Heliogabal trug goldene Tuniken und andere aus Purpur; er besaß persische Mäntel, über und über mit Edelsteinen besetzt, und er sagte, er sei niedergedrückt durch dieses gewichtige Vergnügen.

Vor allem liebte er gezähmte Löwen und Leoparden; wenn sie von den Dompteuren abgerichtet waren, ließ er sie während der Mahlzeit unerwartet frei, ohne daß seine Gäste wußten, ob die Tiere ungefährlich wären oder nicht, und Heliogabal fand seine Freude an ihrem panischen Entsetzen. Seine Pferde fütterte er mit Weintrauben, seinen Löwen und anderen wilden Tieren warf er Fasanen und Papageien zum Fraße vor. Zehn Tage lang ließ er täglich dreißig Schweinezitzen samt der Vulva auftragen, dazu Erbsen mit Goldstücken, Linsen mit Onyx,

Bohnen mit Bernstein, den Reis mit Perlen vermengt. Überdies streute er statt des Pfeffers echte Perlen über den Fisch und die Trüffel. Wenn die Höflinge, die um ihn schmarotzten, in den Speisesälen versammelt waren, ließ er aus den Deckenöffnungen solche Mengen von Blumen auf sie niederfallen, daß einige daran erstickten, wie man erzählt.

Uns näher und in vielfacher Weise verwandt sind die Manieristen. (Dem manieristischen Künstler, sagt J. Bosquet, ist alles möglich; aber seine schrankenlose Freiheit, der Schlüssel seiner Originalität, wird bezahlt mit Angst.) Unsere Feste hingegen sind selten, und die Entfesselung vollzieht sich eher durch eine bestimmte Musik; aber ich weiß, daß die Feste einiger Maler und meine korsischen Feste wirkliche Feste sind. Die Speisen inbegriffen, sie haben alle die gleiche Farbe.

Die grüne Narrheit eines Verliebten

Um kundzutun, daß er nur aus der Hoffnung lebe, die Dame seines Verlangens zu gewinnen, und damit diese, wenn sie ihn verstanden hätte, auch danach trachte, ihn glücklich zu machen, kleidete er sich ganz in grün; grün das Barett, der Mantel, das Wams, die Beinkleider, der Pelz, der Saum des Pelzes, die Degenscheide, das Hemd, der Gürtel, die Stiefel, ja sogar das Haar und der Bart – ja, ich glaube, daß er sie grün färbte – grün die Hutfeder und die Spange, das Hosenband und die Schuhriemen, alles ... Er aß nur grüne Speisen, Gurken, Kürbisse, Melonen, Kräuterpüree, Kohl, Kopfsalat, Kichererbsen, frische Mandeln. Damit ihm der Wein grün scheine, goß er ihn in einen grünen Kristallpokal. Wenn er ein Sülzgericht aß, begnügte er sich damit, die grünen Lorbeerblätter, die man als Gewürz beigibt, auszusaugen. In den Brotteig ließ er geriebenen Rosmarin hineinkneten, damit das Brot an der grünen Farbe teilhabe. Setzte er sich auf eine Bank, so war sie grün gestrichen; er schlief in einem grünen Bett und sprach von Gräsern, Wiesen, Gärten und dem Frühling. Schrieb er einen Brief an die Göttliche, so tat er es auf grünen Blättern; und wenn er seinen Körper entleerte, so war das, ich wette, auch grün.

Giorgio Vasari beschreibt folgendes Fest aus dem Leben Giovanni Rusticos: »Eines der Feste hatte die Hochzeit Proserpinas mit Pluto zum Thema; der Festsaal stellte die Hölle dar, sie war düster beleuchtet und mit furchteinflößenden Malereien geschmückt; die Tische waren schwarz gedeckt, die Diener als Teufel gekleidet, die Musik ähnelte dem Geheul Verdammter.

Die Speisen entsprachen der Inszenierung: das Fleisch hatte das Aussehen von allerlei widerlichem Getier: Schlangen, Kröten, Echsen, Spinnen, Skorpionen, Fledermäusen, darunter verbargen sich die köstlichsten Speisen, die den Gästen aus Ofenschaufeln gereicht wurden. Ein Teufel goß die ausgewählten Weine in Tiegel, wie man sie zum Glasschmelzen verwendet und die nun als Pokale dienten. Als Dessert gab es Totengebein, jedoch aus Zuckerwerk.«

(J. Bosquet: »Die Manieristische Malerei«)

Bei einem Fest am Hofe Heinrichs III. versahen die Hofdamen Katharina de Medicis den Dienst bei Tisch, völlig nackt unter durchsichtigen Kleidern, die die Brüste freiließen; bei einem anderen Fest des gleichen Fürsten waren alle Gäste verkleidet: Die Männer als Frauen, die Frauen als Männer.

DIE SCHÖNHEITSMASKE

Aus den Erinnerungen von Murmur, Sohn der Katze Belinda und eines unbekannten Mannes
Fragment einer Erzählung für Kinder

Dreimal in der Woche, gleich nach Mitternacht, sah ich die Feen auf allen Vieren über die Felder laufen, auf denen vorher die Esel geweidet hatten. Das Gras, das auf diesen Feldern wuchs, war nicht irgendein Gras; und die Esel wußten einiges darüber... Die Feen machten sich nun, zunächst vorsichtig, dann heftiger und immer schneller daran, es allen Eseln zu besorgen. Schließlich sammelten sie sorgfältig den reichlich fließenden opalisierenden Saft, daß ja nichts davon verloren gehe, auf, und verteilten ihn über Gesicht und Hals und zwischen die Brüste (einige bemerkte ich, die auch davon naschten).

Waren sie auf allen Vieren gekommen, so schritten die Feen nun, eine hinter der anderen daher, den Kopf hocherhoben, ja, so weit wie möglich zurückgeneigt, um der Strahlen des untergehenden Mondes teilhaftig zu werden. In einem bestimmten Augenblick taten alle Feen gemeinsam einen großen Sprung nach vorn und ließen die schönen irisierenden Masken, die jetzt ihre Züge trugen, auf den Boden der Terrasse aus Serpentinstein fallen. Ihr Zerspringen trug einen einzigartigen Klang zu mir herüber. Dann löste dieser nächtliche, rhythmisch geordnete Zug sich jäh in ein lachendes Durcheinander auf, und die Feen stürzten in die Küche, um sich an Rosen- und Gardenienkonfitüre gütlich zu tun und die erlesensten Elixiere zu trinken. Zu meinem Kummer war ich noch nicht in dem Alter, um alle diese Feen dort zu »besitzen«, – um von allen, oder wenigstens von einer, besessen zu werden. – Als sie mich erblickten, lachten sie und fütterten mich mit Süßigkeiten, die mir vorzüglich schienen, weil die Feen sie berührt und von manchen auch gekostet hatten. Ich tröstete mich, indem ich mit den Masken spielte; nacheinander setzte ich sie auf, posierte mit ihnen, betrachtete mein Spiegelbild in der Quelle und ordnete sie schließlich in einem älteren, abgelegenen Teil des Klostergartens, der mit Myrtenbüschen, spitz zulaufend wie die Mitra der Bischöfe, bestanden war.

Da plötzlich zog mich die Fee Lucidor mit ihren Blicken aus; mein kleines Wams fand sich, in eine rosenrote Geranie verwandelt, zu meinen Füßen. Mein Körper schien zu brennen und ich spürte eine starke Spannung in dem, was man provisorisch ebenfalls »Schwanz« nennt. Aber jetzt befand ich mich nicht mehr in den von Myrten bewachsenen Ruinen.

Nackt, nach Geranien duftend, fand ich mich auf einem weichen Kissen in der Sakristei wieder. Unter meinen gesenkten Lidern hervor sah ich die angelehnte Tür aufgehen und ein junges Mädchen mit eng anliegender Seidenhose eintreten. Ihre pralle Brust war von Spitzen kaum verhüllt. Rasch entblößte sie ein Bein, spreizte meine Beine und ritt mich wild; sie nahm jenes Teil von mir in sich auf, das am empfindlichsten ist, und das – wie man zugeben muß – etwas Zauberisches an sich hat. Danach nahm sie mich ganz in den Mund. Das Wunder war groß; sie entließ mich wieder, und ich bemerkte, daß sie meine Größe hatte. Ich nahm all meinen Mut zusammen und drehte sie nach allen Seiten, was sie dann auch mit mir tat; sie spreizte meine Arme und Pfoten und nannte mich ihren »Geflügelten Kater«, »Baphomet« oder ganz einfach »König Mustapha«.

Zauberhafte Dinge geschahen, alles verwandelte sich: Feuchtes wurde trocken, Großes klein, wir wurden flüssig, und alles begann von vorne. In einem gewissen Augenblick machte sie sich buchstäblich daran, mich zu melken, und ich konnte von Glück sagen, daß dies nicht geschah, um eine Schönheitsmaske aufzulegen, und daß sie mich keineswegs mit dem Esel verwechselte. Welch eine Überraschung, als sie schließlich die Gestalt der Perserkatze Rinfignina annahm, die mit mir das Liebesspiel vollzog, und das mit ebensoviel Inbrunst wie meine erste Fee.

Es drängte mich, dies alles meiner Mutter zu erzählen; Belinda war schon dabei, ihr Sonnenbad zu nehmen. Während ich berichtete, sträubte sich ihr Fell und ich sah, daß ein verstohlenes Lächeln um ihren Mund spielte. Sie drückte mich an sich und schnurrte in mein Ohr: »Gut, gut, gut, mein kleiner Murmur, heute abend werden wir all das mitsammen tun, und ich werde Dir beibringen, was Du noch nicht weißt!«

Meine Erregung erstickte mich beinahe, statt abzuklingen, und ich barg mein Gesicht in der Achselhöhle der Reichbefellten.

Man rief uns zum Frühstück, das, nach dem Geruch zu schließen, aus gebackenen Nachtschmetterlingen bestand. In einem unbeobachteten Augenblick schaute ich heimlich unter den Tisch, um zu sehen, ob sich dort nicht eine kleine Fee von meiner Größe verborgen hielt. Ich erblickte nur Rinfignina, sie warf mir einen ihrer Blicke zu, der halb der eines nachdenklichen Tigers und halb der eines jener süßen, wollüstigen Mädchen von Greuze war. Die knusprigen Schmetterlingsflügel krachten unter meinen spitzen Zähnen. Mit Belinda wechselte ich lange und bedeutungsvolle Blicke.

DIE NACHT MIT BELINDA

Gegen zwei Uhr machte ich mich, wie vereinbart, auf und pochte an die Tür. Belinda war nackt unter ihrem reichen, aufgelösten blonden Haar. Sie war über und über mit gestohlenen und ungewöhnlich schönen Juwelen bedeckt; in ihrem blonden Fell schimmerten Diamanten und Saphire; am Ansatz ihres Schwanzes trug sie einen außerordentlich seltenen gelben Saphir, der sie herrlich schmückte. Ich war vollständig geblendet; aber daß meine Mutter ihre Größe nicht verändert hatte, überraschte mich und schüchterte mich ein. Kaum nahm ich die ganze Pracht wahr, mit der sie sich umgeben hatte, noch die Verwandlung ihres Zimmers, das zugegebenermaßen meist recht unordentlich war, denn oft vergaß sie halb angeknabberte Mäuse und verdächtige Fasanenknochen in den Ecken. Jetzt aber war alles wahrhaft diabolisch aufgeräumt, erstarrt und zauberisch; alle Draperien, alle Geschmeide und edlen Steine ließen der Imagination jede Freiheit. Ein Chor wunderschöner synkopischer Oberteufelrülpser hinter den beiden Türen erinnerte mich an den Gesang tibetanischer Mönche, den sich unsere Lehrerin Sonntags immer auf einer Schallplatte anhörte. Neben der rechten Türe sangen die beiden Sängerinnen, die meine Mutter zur Feier des Tages eingeladen hatte: Elisabeth Schwarzkopf und Victoria de los Angeles das hinreißende Katzenduo des angebeteten Rossini.

Meine Mutter hatte meine Lieblingsleckerbissen zubereitet: malaiisches Huhn, farcierte Sauzitzen und viel mit Pfeffer und Ingwer angesetztes Zuckerwerk. Es fehlten nur einige Kantharidenbonbons, aber sie meinte, das sei noch nichts für mich, dazu sei ich noch zu jung.

Trotz meiner Neugierde beunruhigte mich der Größenunterschied. War Belinda nicht eine sehr, sehr große Katzenfee?

Als sie mich in ihre Arme nahm, fühlte ich, daß ich nackt war, und ich geriet außer mir, wurde berauscht, denn meine Mutter hatte jeden Teil ihres Körpers anders parfümiert. Der heliotropdurchsetzte Zimtgeruch ihres Haares machte mich so wild, daß ich meine geringe Größe vergaß. Ich begann damit, ihr in den Mund zu beißen, ihr meine Zunge in die reizenden bogenförmigen Nasenlöcher zu stecken, wobei sie lachte und zu mir sagte: »Du bist wirklich ein Kind« – ein Satz, den ich später in meinem Leben bei verschiedenen Gelegenheiten immer wieder hörte. Wenn ich auch noch ein wenig unsicher und ängstlich war, so wagte ich doch, meine Mutter überall ein wenig zu streicheln. Ich setzte mich zwischen ihre Brüste, die augenblicks zu wachsen begannen. Das war mir durchaus nicht unangenehm. Belinda ergriff nun meinen Arm und schob meinen Bauch gegen ihr Maul; ich wurde trunken vor Freude, ich schwamm auf meiner Mutter, schwamm in ihr, sie war für mich die Luft und das Wasser. Miauen war zu wenig, um auszudrücken, was ich empfand. Das Wunder ließ nicht auf sich warten: statt selbst so klein zu werden wie die Fee, ließ sie mein Geschlecht ganz wachsen, es wurde fast so groß wie ich selbst, und sie führte es mit triumphierendem Schnurren in ihren Körper ein. Das Zimmer fing an, sich um uns zu drehen. Dem Chor der Teufel hatten sich andere mächtige Stimmen hinzugesellt, schwarze Jehovas.

Die Wogen tosten wie Primadonnen in ihrem Wahn. Alle weißen Katzen stießen ein so lautes Miaugeschrei aus, daß man die Stimmen der beiden Sängerinnen nicht mehr hörte. Viele schwarze Katzen, die mit roten Straßagraffen und mit Goldschellen behängt waren, fielen kräftig in den Chor ein, und weiße Eulen sangen chinesisch. Ich fühlte mich von meiner Mutter wie von einer riesigen Welle emporgetragen. Ich hatte lauter geheult als alle anderen, nun fand ich mich umhüllt vom Haar Belindas, die zärtlich schnurrte: »Kleines, verfrorenes Kätzchen, willst Du jetzt endlich schlafen?«

ICH WOHNE EINER FLUGSTUNDE BEI

Im Widerspruch zu allem, was gemeinhin behauptet wird, sind die Hexen keineswegs von anderer Rasse als die Feen, sondern ihnen nahezu gleich; sie sind eigentlich fliegende Feen, aber, je nach dem, wie die Zeiten gerade sind, bringen die Menschen alles durcheinander.

Das Geschehen spielte sich auf dem Platz vor der alten Kapelle ab. Belphégor, der Fluglehrer, nahm in einer Nische Platz, die einst Franz von Assisi vorbehalten war.

Aufs Beste gesalbt, geölt, gefettet und gleitend gemacht, dazu sehr stark parfümiert (der Hilfsteufel verwendete einen besonderen Zerstäuber und sprühte jede von ihnen drei- oder viermal an), warteten alle mit gespreizten Beinen auf den Finger Belphégors, der tief in ihre Spalte eindringen und sie in wilder Lust würde schreien lassen, denn der Finger war, wohlverstanden, ein glühendes Feuer. Danach sah man die Besen zittern, und jeder Besen sprang zwischen den Beinen dieser Teufelinnen empor, die sich starr aufrecht hielten, wie in einer Art frohgemuter Erektion.

Die Feen kamen und gingen, sie benutzten sehr fette und penetrant riechende Öle, um besser in die Schornsteine der Menschenwesen hineinfahren zu können.

Die eine führte die Salbe in die tiefste Stelle ihres Geschlechtes ein, eine andere beschränkte sich darauf, die Innenseite ihrer Schenkel reichlich einzufetten. Diese Creme aus Engelsdärmen und Muränenzungen haftete außerordentlich stark. Man nannte sie Limpidol, und die Teufelinnen brauchten eine kräftige Beize, um sie von ihren Beinen wieder zu entfernen. Ja, Teufelinnen konnte man sie in diesem Moment wahrlich nennen: Über ihre Gesichter loderte ein roter Schein, ähnlich wie Flammen, und sie glühten fröhlich-wild und wunderbar aufgeregt.

Saßen sie erst einmal alle rittlings auf dem Besen, dann schrie der Oberteufel: »Brrr, brrr, schließt die Schenkel, kneift den Hintern zusammen und – auf geht's!« Einigen der Begabtesten gelang es gleich, drei oder vier Meter hoch zu kommen. In der zweiten Unterrichtsstunde wurde schon verlangt, in Kirchturmhöhe durch die Lüfte zu fegen. Es gab aber auch Ungeschickte, die, schlecht aufgesessen, mit ihrem Hinterteil auf den Boden fielen. Dann erscholl ein Lachen, welches das Kloster bis in die Grundfesten erschütterte (anderswo nannte man das ein Erdbeben). Diesen unbeholfenen Hexen zog der Unterteufel recht kräftig eins mit dem Besen über und gab ihnen einen Mundvoll »Dulce de leche«, das, auch den Menschen wohlbekannt, frische Kräfte verleiht. Der größte Tag aber war der, an dem eine von ihnen ihren ersten Ritt über Täler und Hügel, Bäche und Flüsse geschafft hatte und am Tag danach flammenumlodert vor entzückten Blicken ihre Reise erzählte. Aber so weit sind wir noch nicht.

Im Moment, wo sie sich erhoben, waren alle nackt, nur einige trugen einen Gürtel oder eine wilde Maske. Doch gab es auch teilnahmslose Masken oder solche mit unversöhnlichem Ausdruck. Ich kannte den Hilfsteufel gut, und er vertraute mir an, daß alles seinen normalen Lauf nähme. Ich würde auch bald in die Lehre gehen. Er machte mich noch mit anderen Besonderheiten des Klosters bekannt, er zeigte mir die Grotte und die Sammlungen, die sie birgt.

DIE GROTTE

Die Wände der Grotte bestanden aus Basalt, Serpentinstein, Onyx und Granit. Dieses übereinanderliegende Gestein bildete herrlich geschliffene, glatte Oberflächen, deren Farben auf die überraschendste Weise ineinanderliefen. Große Barockperlen, schwarze, weiße und graue, waren in einfallsreichen Mustern in die Risse eingelassen, die fast unmerklich an den Fischbehältern mit Meeresfrüchten entlangliefen. Die Sammlung begann hinter einem langen Gang, wo die barocken Perlen dichter gestreut waren und fast schon Girlanden bildeten. Amalburga, die große Sphinx, öffnete den Vorhang aus rosafarbenen bolivianischen Perlen, der vor der Sammlung hing.

Alle Teufel, die die Grotte bewachten, hatten eine üppige rote Mähne und ein kleines Löwenmaul. Groß und schlank waren sie und äußerst gelenkig. (Die Decke der Grotte war nämlich ungleichmäßig hoch.) Sie konnten aber auch auf dem Bauch kriechen wie Erdwürmer. Der schönste dieser jungen Teufel hieß Mourko. Er hatte von einem entfernten Ahnherrn ein vielfarbenes Hinterteil geerbt und sah aus wie ein Mandrill, aber ohne dessen Höcker, die den Eindruck einer Krankheit erwecken. Ich wußte in jenem Augenblick nicht, daß auch er ein Liebhaber meiner Mutter war. Sie und ich hatten oft den gleichen Geschmack, ohne uns deshalb jedoch jemals ins Gehege zu kommen; ganz im Gegenteil.

Hier ist es allerdings nötig, einen Augenblick zu verweilen (um später wieder fortzufahren; man bleibe ganz ruhig!). Amalburga, die eine nachtblaue Haut hatte, besaß weit auseinanderstehende große Augen; das Weiß darin war sehr weiß, die Pupillen tiefschwarz, ihr ungeheures Haar war dunkel und die Schwingung ihrer Kruppe von solcher Kraft und Gewalt, daß es selbst dem Belphégor den Atem verschlug. Oft rollte Amalburga die Augen wie die gewissen mechanischen Figuren auf dem Montmartre; aber wenn sie den Blick senkte, nahm sie einen so sanften Ausdruck an wie die Madonnen Bellinis. Und was ihre Brüste angeht: Ich habe dergleichen schon in Florenz gesehen, sie waren aus Bronze und waren von dem berühmten Giovanni da Bologna modelliert.

Amalburga, Amaouri, ihr schönen Sphingen meiner Kindheit, ihr müßt in diesem Augenblick eure Tatzen im Wasser netzen und um mich klagen, weil ich nicht wirklich unsterblich bin wie ihr beide!

Eines der Hauptstücke der Sammlung befand sich hinter einer halb vermoderten grünlichen Louis-Quinze-Tür. Man mußte sie selbst öffnen, aber der Knauf war mit Konfitüre bestrichen; das war sehr unangenehm.

Das Zimmer war klein und von einem riesigen dunklen Holzbett ausgefüllt. Am Kopfende des Bettes war die Anatomie von Rembrandt als Flachrelief reproduziert; die Personen darauf waren vergoldet. Ein seltsames Gold, das abblätterte und als feiner Staub auf die spitzenbesetzten Kopfkissen fiel. Eine Hand kam aus der Wand und schlug diesen Staub sorgfältig, aber vergebens ab. In dem Bett lag eine Frau, und man hätte denken können, daß sie dort fest geschlafen habe, denn sie trug auf ihrer Wange noch den Abdruck des Spitzenmusters: eine Heuschrecke auf einem Zweig. Die Frau war sehr schön, aber schmuddelig. Das Bett war ziemlich unordentlich, und man bemerkte allenthalben Speisereste, gefaltetes Papier wie das, in dem man kleine Törtchen verkauft, und sauber abgefieselte Fischgräten. Die Frau hustete, dann lachte sie leise und hob leicht und wie zerstreut die Laken ein wenig hoch; dabei bemerkte man halbleere Konfitüregläser, die lustig gegeneinanderklirrten. Die Frau machte eine rasche Bewegung, als ob sie aus dem Bett aufstehen wollte. Dabei verrutschte ihr Hemd, und man sah, daß sie Brüste besaß bis zum Unterleib, eine Milchleiste, ein Euter wie eine wirkliche Kuh. Es waren weiche, volle, hin und her schwingende Euter, die sie nun leicht zu melken begann. Doch in diesem Moment legte sich ein schwarzer Schatten über alles. Man sah nichts mehr, sondern befand sich von neuem vor der Tür, an deren Knauf noch immer Konfitüre klebte. Ich wollte zurückkehren. Mourko ließ mich allein. Ich fürchtete mich. Die gleiche Szene wiederholte sich haargenau.

In einem anderen Saal habe ich phosphoreszierende Gemälde gesehen, Bilder, die sich ständig bewegten. Diese Bilder: Das war ich, ich und Mourko; ich ohne Hosen und Mourko nackt, ohne seine Weste, ohne Gürtel und Peitsche. Ich beschnupperte die Hinterbacken Mourkos, und Mourko leckte meinen Rücken mit seiner langen gespaltenen grünen Zunge. Das war sehr überraschend, denn so etwas war überhaupt noch nicht passiert.

Wir wandelten höchst artig nebeneinander her, aber waren das nun Abbilder oder Projektionen unserer Begierden? Im Spiegel fanden wir uns plötzlich auf einem fliegenden Teppich, zu dessen beiden Seiten in gleißendem Licht Skulpturen aus Haar vorüberglitten und Schilder mit der Aufschrift: Berühren verboten. Mourko ward mürrisch und ich sehr müde, ich war vielleicht noch zu jung, um diese tolle Sammlung richtig zu würdigen. Ich lief zurück zum Ausgang, und glücklicherweise kam mir Rinfignina entgegen. Sie stärkte mich mit einer Waldmaus, die sie soeben gefangen hatte und stark nach feuchter Erde roch. Ich kauerte mich benommen auf die Erde und Rinfignina erlaubte mir, meinen Kopf auf ihren schönen Rücken zu legen. Wir schnurrten beide im Sonnenschein, und sie sang mir ganz leise das Lied vom weißen Schäfchen, das geschoren wird. Ich schlief fest ein.

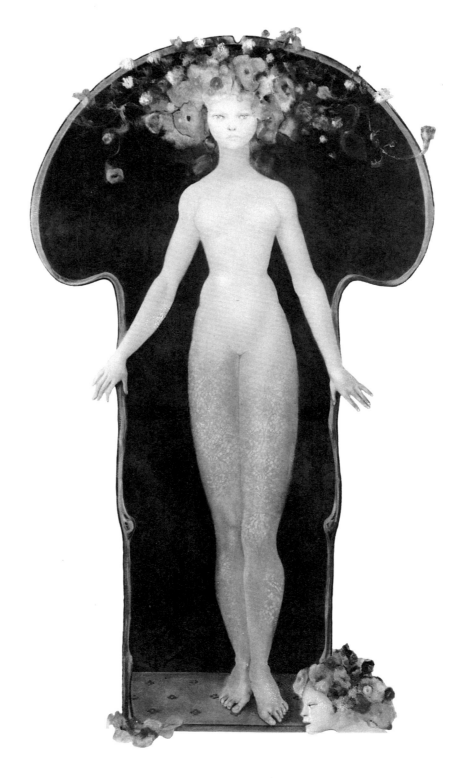

LES BELLES DAMES SANS MERCI

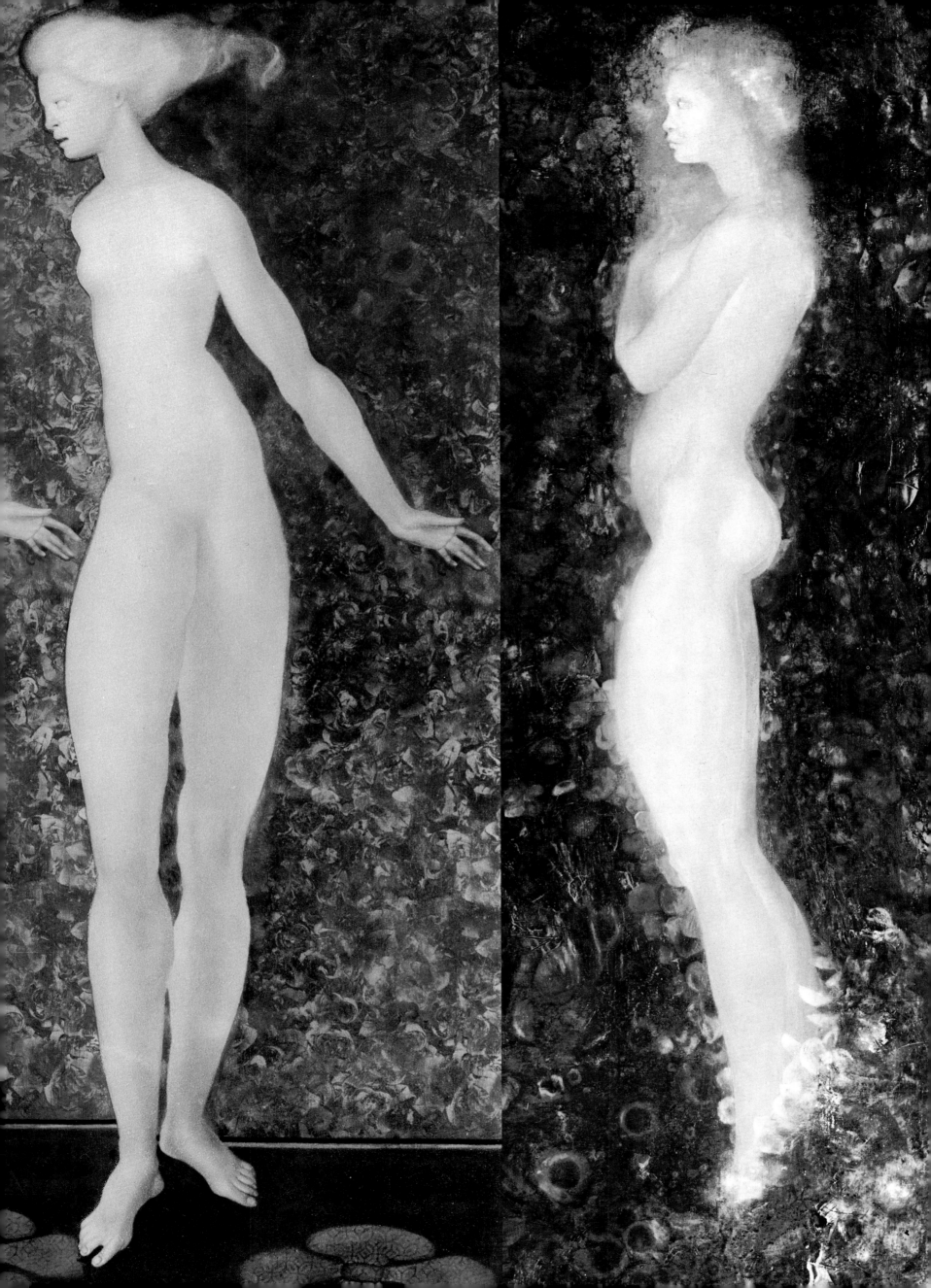

KATZEN

In den Büchern, die man ihnen gewidmet hat, erfährt man viel über Katzen aller Schattierungen. Da gibt es Katzen, die Geschichte gemacht haben; es gibt ägyptische Katzen und die Katzen von Azincourt und die Katze Richelieus; Katzen, die über den Dachfirst wandeln und den gestiefelten Kater; die Katzen, die als Ketzer verbrannt wurden; den Kater Murr; Katzen als Wappentier, geflügelte Katzen und den Kater Mammon aus dem Pentamerone.

Im Augenblick spreche ich von der gerade anwesenden Katze, von der, die auf meinem Spann sitzt, mir ihre breite und eigensinnige Stirn weist, ihre schönen Ohren, die kurz und spitz sind und geformt wie ein Delta; Von der, die sich an meine linke Hüfte schmiegt und vor sich hingrantelt. Von einer anderen, die zusammengerollt zu meiner Rechten liegt und eine Pfote gegen mich stemmt, damit ich mich mit ihr befasse. Und da sind noch zwei auf dem Kissen an meinem Kopf und wieder eine andere auf meiner Schulter: Sie saß eben noch auf meinen Knien, von wo ich sie vertreiben mußte, um schreiben zu können. Ähnlich den barocken Statuen, die den Nil als Vater zeigen, umwimmelt von Putti, die seine Nebenarme darstellen, habe ich das Privileg, sobald ich mich hinlege, zum »Nil meiner Katzen zu werden«. Man sagt, daß sie unabhängig seien:
Bis zu einem gewissen Grade stimmt das. Doch wenn ich heimkomme, schlagen sie mir entgegen wie eine Woge; sie mögen es nicht, daß ich ausgehe und zeigen sich erkenntlich für meine Gesellschaft.

Würde man ihre Sprache verstehen, dann könnte man sie sagen hören: »Ich mag die Menschen«, wie wir sagen: »Ich liebe Katzen«. Sie leben gleichberechtigt neben uns und wissen

unser Interesse zu würdigen, den Kontakt; eine, wenn auch nur flüchtige Wärme. Sie sind glücklich, zu wissen, daß wir ihnen die Tür öffnen, die sie geöffnet haben wollen.

Geheimnisvoll? Nicht mehr als jeder von uns, als alles was lebt und uns fremd und zugleich ähnlich ist, ohne daß man sagen könnte, was dominiert: der Unterschied oder die Ähnlichkeit.

Wenn sie dann einige Stunden auf einem Sessel, einem Tisch, in einem Fleckchen Sonne am Boden geschlummert haben, dann wachen sie plötzlich auf, machen sich rund wie ein Bogen, dehnen sich und wechseln ihren Platz mit der Genauigkeit angeborener Choreographie.

Die Anziehungskraft, die sie auf uns ausüben, hat nichts Geheimnisvolles an sich, sie geht von einem nahezu vollkommenen Wesen aus, das schöner ist als fast jedes andere Tier, besser proportioniert selbst als Löwe und Tiger.

Ihre Augen sind größer, die Nase kleiner, ebenso wohlgeformt der Mund, die Zunge, die Fangzähne, der Rücken, der aufmerksame Schweif, die Pfoten.

Diese samtig runden Pfoten, die ihre kleinen Dolche taktvoll verbergen und der Katze als Hände dienen, wenn sie will. Man stelle sich eine Katze vor, so groß wie ein Tiger, einen Tiger so klein wie eine Katze (ich gestehe, ich hätte nichts dagegen).

Alphabet der Schönheit: Y: Geformt von der Nase und jenem Zug, der bis zum Maul herabführt; X: Von den aufgerichteten Schnurrbarthaaren gebildet; M: Die Streifen auf der marmorierten Stirn: Initialen, von denen Zauberer und Alchimisten magisch angezogen wurden.

Katzen träumen, wie ich beobachten konnte; und ein deutscher Gelehrter hat herausgefunden, daß die Katzenarten unter allen Säugetieren am meisten träumen. Eine meiner Katzen war tief in einen Traum versunken, der überaus glücklich schien, als sie plötzlich bellte: Eine Lautmalerei, die ihr ein Alptraum entlockte, in dem ihr ein Hund erschienen sein mußte; eine andere stieß träumend den Gesang einer Nachtigall aus, jedenfalls beinahe.

Die Katze

Einzig das Deutsche drückt in dem Begriff »die Katze« den weiblichen Charakter der ganzen Gattung aus: Katzen sind eben weibliche Katzen schlechthin. Auf diese Tatsache wird noch in einer anderen Sprache hingewiesen, und zwar in der englischen, die ein besonderes Wort für die männliche Katze verwendet »Tom cat«, als ob der Gattungsname sich nur auf das Weibchen beziehen ließe. Die Dichter haben das schon immer gewußt, weil ja die Sprache ihr Medium ist.

Als Dante den von den Dämonen gefolterten Giampolo von Navarra beschreibt, sagt er:
»Tra male gatte era venuto il sorcio«
(»Fett saß die Maus da zwischen schlimmen Katzen«) und liefert also die zum Tode verurteilte Maus den Krallen von Katzen, nicht Katern aus.

Und in dem Sonett, das er im Gefängnis schrieb, sieht Tasso am Hof von Sant'Anna in Ferrara nur Katzen

»Tanto le gatte son moltiplicate
ch'a doppio sono più che l'orse in cielo«.
(Die Katzen haben sich so vermehrt, daß ihrer doppelt
so viel sind als Sterne im Großen Bären am Himmelszelt.)

Diese Katzen, zahlreicher als die Sterne im Sternbild des Großen Bären, sie alle beschreibt er einzeln. Da sind weiße, schwarze, gefleckte; Katzen mit Schwanz »gatte con coda« Katzen, höckrig wie ein Kamel; aber kein einziger Kater ist darunter.

In Venedig gibt es den »Campo della gatta« (Katzenhof), Sant'Andrea della gatta (St. Andreas von der Katze), in Rom die »Via della gatta« (Katzenstraße) und es gefiele mir sehr, wenn die Rue du Chat-qui-pèche (Straße der fischenden Kater) früher einmal Rue de la Chatte-qui-pèche geheißen hätte, aber ich habe keine Zeit gefunden, Nachforschungen darüber anzustellen. Für den Ausdruck »Es steckt etwas dahinter«, sagt der Italiener »gatta ci cova«, also auch hier wieder die Katze, die »brütet«. Tatsächlich sehen Katzen oft so aus, als brüteten sie: Unwillkürlich möchte man nachsehen, ob sie unter sich nicht einige mollige, fellumhüllte Eier verbergen.

Die Empörer, die Rebellen, die Wunderlichen, die Einzelgänger, die Ausgestoßenen, die Ausgeflippten, sie alle lieben Katzen. Reisende haben erzählt, daß man in den Parks von New York, in den Alleen von San Franzisco junge Männer treffe, in deren ungeheuren Haarmähnen Katzen nisten wie Eulen.

Zuweilen tragen sie ihre Katze auch in einen Schal eingerollt auf der Schulter oder unter einem Umhang an die Brust geschmiegt. Sie leben unter dem Signum der Katze.

Die »Vorteile«, die die Katze den Menschen gebracht hat, sind für sie nur Spiel, Anreiz, Genuß; auf keinen Fall Knechtschaft. Es macht ihr weder mehr noch weniger Mühe als dem Vogel, der auf dem Rücken des Flußpferdes sitzt und es dadurch von seinen Parasiten befreit, daß er sich nährt.

Die Katze kann sich maßlos strecken und sie kann sich so zusammenziehen, daß sie noch in die kleinste Schublade eines ausrangierten Sekretärs paßt. Man braucht sich nicht zu wundern, wenn sie in eine Flasche schlüpft, in einen Krug, in eine kleine Schachtel, in eine Handtasche. Kommt sie plötzlich aus diesen verborgenen Winkeln wieder heraus, kann sie jemandem, der sie ohnehin fürchtet, Angst einjagen. Sie ist das einzige Haustier, das – vielleicht aus Prestige – Furcht einzuflößen vermag wie ein wildes Tier.

Die Leute, die Angst vor Katzen haben, tun mir leid, so wie Albinos, die keine Sonne ertragen können. Trotzdem kann es passieren, daß Katzen hörig werden bis zur Sklaverei.

»Fangen wir erst mal mit den kleinen Kätzchen an!« ist immer mein persönlicher Ratschlag. Wer keine Katzen mag, (das ist schlimmer, als sich vor ihnen zu fürchten) scheint mir der Repräsentant einer besonderen Art von Ordnungsliebe: er hat entweder einen degenerierten Besitzinstinkt oder ist abhängig von leblosen Dingen. (»Meine guten Vorhänge, mein gutes

Sofa, mein gutes Kotelett.«) Alle die Überheblichen, die Neider, die mit den steifen Kragen, die Hochnäsigen, die Knauser, – sie alle mögen keine Katzen. Die Niederträchtigen unterstellen ihnen die eigene Bosheit und mißgönnen den Tieren ihre vollkommene Schönheit.

»La Mère Michel«, die ihre Katze verlor, hat mein vollstes Mitleid und meine zärtliche Anteilnahme, mich rührt sie so tief, wie jede Heldin einer Tragödie, die von der dummen Menge verfolgt wird.

Denn die Katze ist der beste und geneigteste Mittler zwischen uns und der Natur. Vor ihrer Anmut, ihrer Unschuld, vor ihrer Sanftheit und ihrem Zutrauen verschwindet dieser Doppelsinn, den erst der Mensch mit seinen Eigenschaften in sie hineinträgt. Die Katze ist uns zur Seite, die warme, haarige, schnurrbärtige, schnurrende Erinnerung an das verlorene Paradies.

Benjamin Franklin und Madame Helvétius

»Als er ihr Nachbar war, ging er von Passy nach Auteuil, um sie zu besuchen. Mit größter Vorsicht setzte er sich nieder, um keine der achtzehn Angorakatzen zu behelligen.

die in dem großen blau-goldenen Salon hausten und dort den Ton angaben. Bis in den Juni hinein sind sie in lange pelzgefütterte Leibröcke gehüllt, zweifellos, um ihr Fell zu schonen und sie vor Kälte zu schützen, was sie beim Laufen natürlich behindert. Diese seltsamen Figuren springen von ihren Lehnsesseln herunter, und die Besucher sehen zu, wie sie ihre Brokatschleppen hinter sich herziehen, oder solche aus Seidendamast, noch dazu mit kostbarstem Pelzwerk besetzt. Franklin ist ihr Verbündeter. Er liebt Madame Helvétius ihrer Katzen wegen noch mehr: wenn die Tiere, so wie Senatoren im Rat, mit der gleichen Würde, der gleichen Selbstsicherheit »auf Grund ihrer Verdienste«, im Zimmer auf und ab schreiten.

Unmerklich, durch zweideutige Vergleiche und ein witziges Wortspiel mit »Humor« und »Amor«, versuchte Franklin, Madame Helvétius davon zu überzeugen, sich noch eine weitere große pelzbehängte Katze zuzulegen, kaum üppiger als Musette, Marquise oder Aza. Sie lachte, und tat, als ob sie ihn nicht verstünde. Madame Helvétius rief alle Katzen beim Namen. Plötzlich wurde die Tür geöffnet und man brachte diesen Katzenherrschaften auf flachen Schüsselchen ihr Diner, das ihnen rundum im Raum serviert wurde: Hühnerbrüstchen, etwas vom Rebhuhn, ein paar kleine Knochen zum Knabbern. Zunächst entstand ein Gerangel mit Krallenhieben, Fauchen und spitzen Schreien, bis jede Katze das ihre hatte, danach breiteten sie sich großmächtig auf den seidenüberzogenen Sitzen aus und verschmierten sie, so gut es ging.«
(Auszüge aus Claude Manceron: »Le vent d'Amérique«).

SPHINGEN

Was wäre wohl schöner: ganz zart im Moment des Halbschlafs oder des halben Erwachens von einem Wesen mit Tierleib und menschlichem Gesicht umarmt zu werden oder von einem Wesen mit menschlichem Körper und einem Tierkopf?

Wer hätte sich diese Frage nicht schon einmal gestellt? Der Anblick eines menschlichen Gesichts könnte wohl die Illusion einer innigeren Beziehung nähren; doch wie würde der Körper des Tieres aussehen? Katzenartig, fellumhüllt, mit kräftigem Moschusgeruch? Mit dem Gesicht einer Florinda Bolkan, einer Bianca Jagger, mit meinem Gesicht, mit dem von Charlotte Rampling, Marlon Brando oder Cassius Clay? Vielleicht auch der Körper Clays oder der von Raquel Welch und der Kopf eines Puma, eines Tigers oder eines Jaguarundi?

Und erst ein Kentaur?! Hier befällt mich allerdings ein Unbehagen: die harten, sperrigen und lästigen Hufe. Und doch... Hätte er den Kopf Joel Greys aus »Cabaret«! Und sänge er wie jener! Dann, ja dann...

Oft habe ich mir den feierlichen Einzug einer Sphinx aus Marmor oder Stein vorgestellt:
Das Gesicht von der unnahbaren Schönheit der Damen auf den Bildern der Schule von Fontainebleau; und singen würde sie mit der Stimme Dellers oder eines seiner Schüler.

DER PANTIGAN (Ein Fragment)

Der Pantigan hat mich zu diesem Gebäude geführt: zu einer Kirche mit eingestürztem Dach. Sie war schwarz, von spitzenzarten Ornamenten umsäumt, von riesigen Gräsern gespalten, von Pflanzen vergewaltigt, die allenthalben emporklommen.

Im Schein des Mondes konnte man auch ohne die Hilfe der phosphoreszierenden Mähne alles erkennen. Von den Wänden herab äugten die Heiligen und Jungfrauen aus den schief hängenden, geborstenen Rahmen. Viele Bilder waren vom Feuer geschwärzt; eine unbekannte, geschickte Hand hatte auf manchen dieser Körper, die vorher in faszinierende Gewänder gehüllt waren, mit roter und schwarzer Farbe die Anatomien der hautlosen Muskulatur gemalt. Andere Heilige wiesen ihr Kapillarsystem und das Geäst ihrer Nerven vor wie Blumenmuster. Jungfrauen trugen die Därme sorgsam und einfältig in ihrem Bauch zusammengerollt; dem Jesuskind hatte man einen wirklichen Hermelinschwanz angehängt.

Auf dem Altar zur Rechten reihten sich große silberne Schalen. Violette Kraken oder Seeschnecken waren auf diesen kostbaren Tellern aufgehäuft. Die Altäre bestanden aus Malachit und Porphyrgestein, aus rotem Marmor, geädert wie Parmaschinken, von großen Engeln bewacht, deren schwere Flügel an beweglichen Scharnieren hingen, wie Türen zu öffnen und zu schließen. Ihre zurückgeschlagenen Gewänder waren schreckenerregend. Auf dem Boden bewegten sich große Echsen zwischen den Lachen schwarzen Wassers kriechend hin und her, eine jede trug einen rosa-violetten Kamm, der hart und drohend emporragte. Schlimmer als Ratten. Zudem standen Flöße aus weißem Holz überall in der Kirche herum.
Auf jedem lagen die nackten und regungslosen Körper schöner junger Männer, in irgendeinem Schlaf erschlafft. Einige trugen kurze weiße Strümpfe, rotgefleckt, die oberhalb der Knöchel klafften und sie noch verführerischer, noch passiver erscheinen ließen. Von Zeit zu Zeit kamen große weiße Vögel geflogen, Schnee-Eulen, wie mir schien, und ließen sich auf diesen entrückten Körpern nieder; jedes Mal, wenn ein weiterer Vogel dazukam, stießen sie einen kurzen, schrillen Schrei aus und öffneten dann für einen Augenblick ihre wunderbaren roten Augen.
Ich nahm einen Beichtstuhl wahr, dessen beschädigte Säulen-Kapitele bläuliche Negerköpfe waren, und ich hörte sie die unverständlichen Kehrreime Geköpfter stammeln. Auf der einen Seite dieses Beichtstuhls gab es ein großes Skelett, dem es nicht an Haltung fehlte, doch auf der

anderen Seite nahm der enorme Kadaver eines als Frau gekleideten Mannes die Aufmerksamkeit gefangen. Er hatte die Augen weit geöffnet, in ihnen spiegelte sich die Szene der »sanften Enthörnung« wider, die sich gerade gegenüber vollzog.

Ein schöner Hut aus feinstem Stroh, mit tabakbraunen, rosa und violetten Federn saß leicht auf seinem Kopf. Kleine Porzellanengel hielten jeweils eine dieser Federn. Er trug ein Medaillon um den Hals: offensichtlich das Bild seines Lustknaben. Sein Dekolleté war beneidenswert; ein Kleid aus violettem Makramee fiel bis auf seine samtenen Tanzschuhe nieder, die mit grünlichen Münzen bestickt waren, über seinen Hintern wölbte sich ein enormer Faux-Cul, anziehend und wirklich schön.

Der Pantigan schien mich von dieser Szene, die ja nicht das Ziel unseres Besuches war, fernhalten zu wollen; aber ich konnte es mir nicht versagen, der »sanften Enthörnung« zuzusehen. Zwei große magere Mädchen mit schwarz und gelb geringelten Strümpfen, die Haare zu steifen Zöpfen geflochten, führten eine dicke untersetzte Person herbei, die ein schmuddeliges Tüllgewand trug. Sachte machten sie sich daran, das Opfer, das sie auf einem eisernem Stuhl festgebunden hatten, mit ihren Zöpfen zu peitschen. Anscheinend warteten sie darauf, daß ihr Opfer gefügig würde, dann näherten sie sich ihm und bliesen ihren Atem in sein verschleiertes Gesicht; das Opfer zitterte und sofort holten sie aus den Taschen ihrer Gewänder einige blitzende Gegenstände: darunter waren Scheren und scharfe Skalpelle. Ich sah, wie kleine funkelnde Gefäße hin und her gingen, wie eine Stelle der verschleierten Stirn entblößt wurde. Danach verdeckten mir die Mädchen den Anblick ihres Patienten, und ich hörte nur noch einen erstickten Schrei. Aber der Pantigan stieß mich mit seinen samtigen Nüstern weiter. Wir näherten uns dem Hochaltar. Es wurde schwierig, vorwärts zu kommen, denn die schwarzen Wasserlachen wurden zahlreicher und tiefer. Ich glitt ein paar Mal auf weichen und gallertartigen Dingen aus. Weiter hinten war eine Krypta aus Kristall und Gold, mit Stacheldraht gesichert, darin war ein unaufhörliches Gewimmel von Perlen, Smaragden und Würmern.

Als ich den Kopf hob, fand ich mich unter einem riesigen Rad, das seine düsteren, zerbrochenen Speichen in den offenen Himmel drehte.
Hinter dem Altar lag jemand, der offensichtlich schlief, auf einem Haufen aufgerollter Teppiche. Sein Atem ging stark und regelmäßig. Dieses hingelagerte Geschöpf war übernatürlich groß, und seine Atemzüge hatten nichts Menschliches mehr.
Ich betrachtete es. Ich war tief bewegt. Das Herz dehnte sich in meiner Brust und die Flanken schmerzten mich. Das Wesen, das dort ruhte, war eine riesige Sphinx. Ihr Kopf war der einer sehr schönen Negerin; ihr halbgeöffneter Mund zeigte die prachtvollen Zähne; die Brust, während des Schlummers vom Gewicht der Arme bedrängt, wirkte bestürzend wehrlos. Die mächtigen Schenkel waren mit brandrotem Fellhaar bedeckt. Die Pranken öffneten und schlossen sich, sie waren gewaltig; der Schweif zuckte zuweilen unruhig. Zur Rechten des Geschöpfes lagen sechs riesige Eier, die mit zartem, rötlichen Flaum bedeckt waren.

»Das ist Amaouri, die Sphinx Amaouri«, sagte der Pantigan.

»Wie schön sie ist!« – erwiderte ich; und ich konnte nicht umhin, mich ihr zu nähern,

ihr schweres, moschusduftendes Haar zu berühren, das sich um ihre niedere Stirn lockte, ich konnte nicht umhin, ihre Lider zu küssen.

Während sie schlief, war sie sanftmütig.

Ihr Geruch war der eines Tieres, das draußen in Luft und Sonne verweilt hat, der Geruch der Fasane und Rebhühner, der Katze, wenn sie nach langem Herumstreunen im Freien wieder heimkehrt, und ich nahm diesen Geruch zwischen ihren Ohren wahr, Amaouri! Dennoch war mir verboten, sie wirklich zu wecken, mich zwischen ihre Pranken zu schmiegen, alle Gerüche ihres Körpers zu riechen und nachzufühlen, ob sie noch eines von diesen herrlichen Eiern legen würde!

Die Sphingen des Belvedere erscheinen mir als ein Sinnbild Wiens. Diese Reisebilder sind ganz persönliche Erinnerungen für mich, sie nähren unmittelbar meine Einbildungskraft.

WIEN

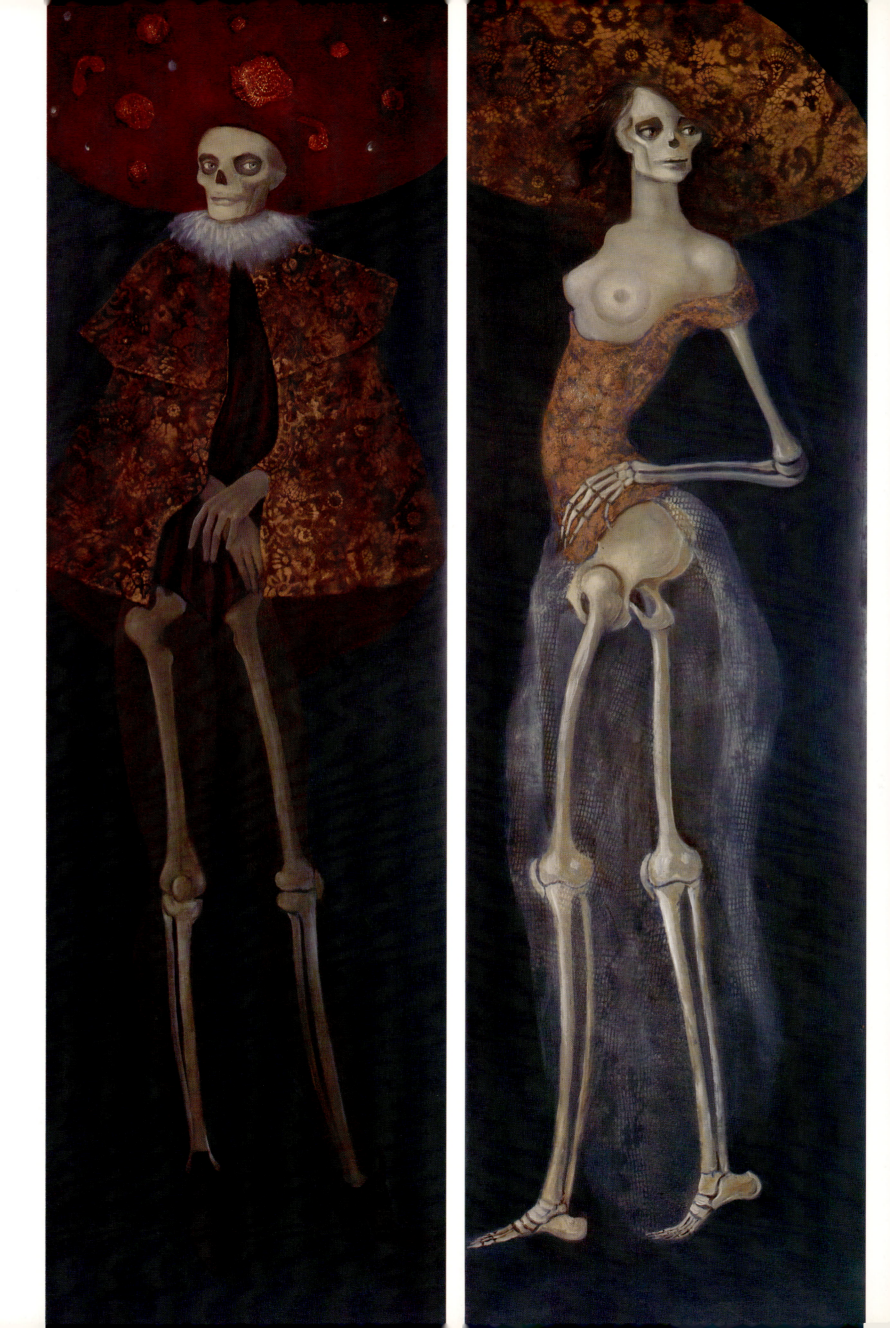

SKELETTE UND TOD

Als ich etwa dreizehn oder vierzehn Jahre alt war, ging ich oft zur Leichenhalle, von einer Neugierde getrieben, die meiner Vitalität entsprang. Der Wärter dort nahm mich mit in einen Raum, den er das »Depot« nannte: er gehörte zu einer Abteilung, die einem großen Krankenhaus angegliedert und für die Öffentlichkeit nicht zugänglich war. Es war ein kühler Ort, der die im Krankenhaus – meist an den Folgen einer Operation – verstorbenen Patienten aufnahm. Sie trugen noch den Jodanstrich und waren mit Heftpflasterstreifen überzogen; die nackten Körper waren von dem Fetzem, den man rasch über sie geworfen hatte, nur notdürftig bedeckt. Jeder trug am rechten Fuß ein Schildchen mit Namen und Nummer.
Die erste Leiche, die ich sah, war ein langer magerer Mann; das Schildchen an seinem Knöchel trug seinen Namen: »Mario La Vita«.
In dem der Öffentlichkeit zugänglichen Teil der Leichenhalle lagen die Toten zwischen einer Fülle von Blumen aufgebahrt, ihre Häupter ruhten auf bestickten Kissen, den Frauen hatte man das schöne Haar gelöst. Es gab dort erstaunlich viele, sehr kleine Kinder mit blutigen Nasenlöchern; das lebhafte Rot hob sich seltsam von dem bläulichen Weiß ihrer Haut ab.
Dorthin brachte man auch die Selbstmörder und Unfalltoten. Ich erinnere mich eines Kellners mit fahlem Gesicht, das einen Anflug von bläulichem Bart hatte. Er trug Schnürhalbstiefel, die langen Schnürsenkel waren sorgfältig gebunden.

Einmal wurde ein sehr schöner junger Zigeuner dorthin gebracht, das Opfer eines Unfalls. Der ganze Stamm der Zigeuner war weinend, singend, ja sogar tanzend zur Leichenhalle gekommen. Sie bedeckten den jungen Toten mit farbigen Tüchern und die Frauen nahmen ihre Halsketten ab, legten sie auf seinen Körper und nahmen sie wieder an sich.

Später bewunderte ich immer wieder die Vollkommenheit des Skeletts als Teil des Körpers, der am wenigsten schnell zerfällt, und die Mumien, die sich wie schöne Skulpturen darbieten.

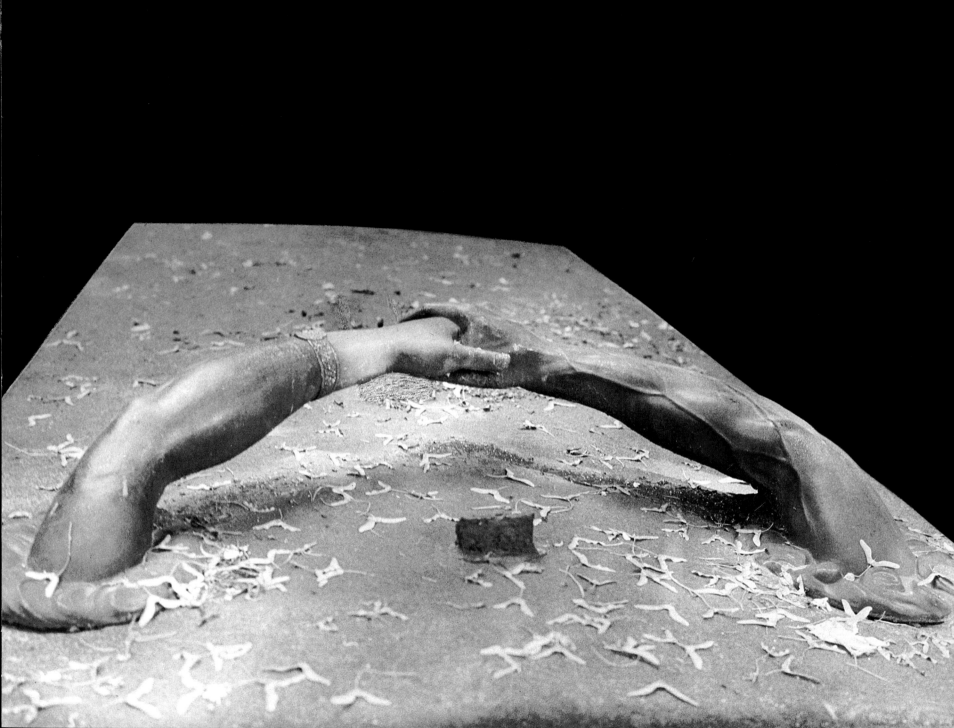

Die Luft in der Kapuzinergruft von Palermo trocknet die Kadaver aus, die dort aufgereiht sind, stehend, sitzend, kauernd, den Mauern entlang.

Hat es sich hier von jeher um ein Memento Mori gehandelt, um ein barockes Schauspiel, das Elend und Niedergang des menschlichen Körpers überhöhen sollte? Oder wollte man dem Entsetzen über den Verfall ausweichen, indem man die Toten in fast vertrauten Stellungen beließ, während ihre Gewänder durch Zeit und Staub nur schöner wurden? Hatte man dabei eine Vorstellung von Auferstehung? Die Toten, die zu Statuen ihrer selbst geworden sind, scheinen auf Besucher zu warten.

Zuweilen sind sie von Ornamenten aus Schädel-, Schienbein-, Wirbelknochen umgeben. Wann wurde beschlossen, daß diese Knochen als Rahmen, als Stütze von Kapitellen, als Piedestal dienen sollten? Das scheint darauf hinzuweisen, daß dieses Schauspiel wiederholt würde, als stürbe man zweimal.

Heutzutage schleichen die Mönche, die die Besucher führen, hastig und verstohlen voraus, sie sprechen nicht und scheinen mit wer weiß welch düsterer Schuld beladen. In den Katakomben fühlt man, denkt man, daß das Leben nur durch die »Stärke eines Blättchens Gold« vom Tode geschieden ist.

Als Kind habe ich die Wörter »Tod« und »er ist tot« zwar gehört, aber nicht verstanden. Die erste Tote, die ich noch lebend gekannt hatte, war unsere Lehrerin. Damals war ich sieben Jahre alt. Ich verstand, daß ich sie nicht mehr wiedersehen würde und hatte sie doch früher mit soviel Vergnügen angesehen, denn sie wechselte oft ihre Blusen: Meistens waren sie rötlich-braun, goldkäferfarben. Man sagte uns, daß wir am folgenden Tag statt zur Schule zum Begräbnis gehen müßten.

Also ein freier Tag; für uns Kinder war das etwas Besonderes. Aber schon als man die Kränze niedergelegt hatte, erschienen mir das Rascheln der violetten Schleifen, der Geruch der Zypressen, der weiße Marmor der Gräber und die Wörter Gruft, Grabstein sehr verdächtig. Später erklärte man uns, daß die Signorina gestorben sei, weil sie mit den Händen den Mund berührt habe, nachdem sie schmutziges Geld angefaßt hatte. Mir blieb davon ein ängstliches Mißtrauen, und ich zog Handschuhe an, wenn ich während der Pause Bleistifte und Pralinen einkaufen ging.

DER LANGE SCHLUMMER DER BLUMEN

LES »GRANDS CHAPEAUX DE CLARTÉ«

Yves Bonnefoy beschwor die »Grands chapeaux de clarté«, der englische Kritiker Robert Melville meinte, sie schienen ihm zu lodern wie ein brennender Dornbusch.

Ich selbst halte sie für Gegenstände oder Embleme wie einen Blumenkranz, eine Aureole, eine Krone; die mühelose Freiheit der Frau, das narzistische Entzücken des jungen Mädchens; Natur und Künstlichkeit zugleich.

Es würde mir nicht einmal mißfallen, wenn man sie als Körbe betrachten würde, die man vom Schutthaufen geholt, rasch zusammengeflickt und über und über mit Blumen besteckt hat, daß sie endlich genauso natürlich scheinen wie die Blütenblätter der Pfingstrosen und der Anemonen Grandvilles.

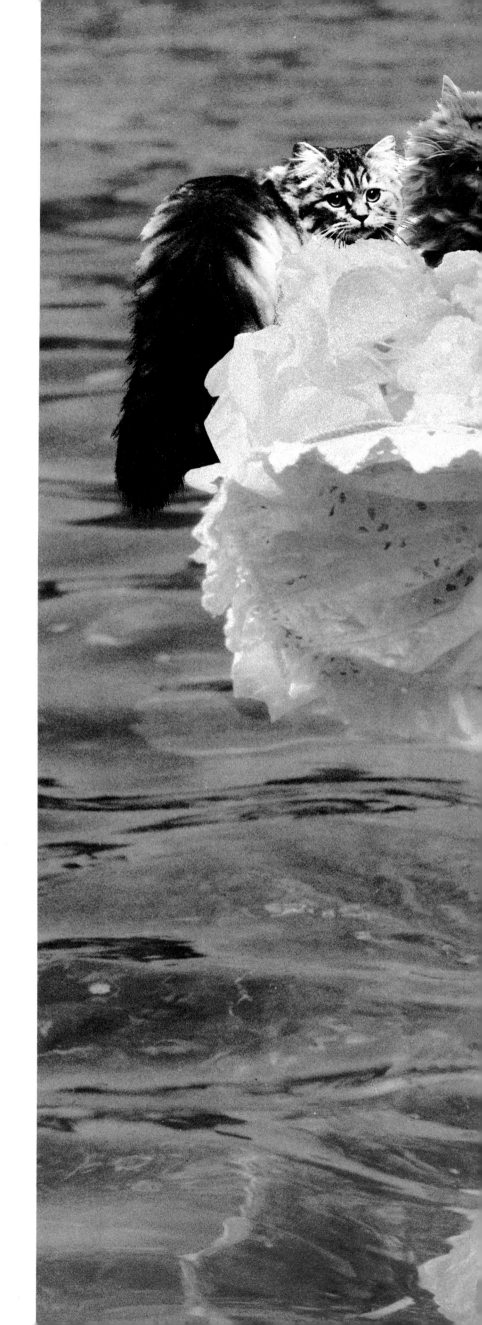

LES PETITES FILLES MODÈLES – Artige kleine Mädchen

Oft war von der unbewußten Zweideutigkeit der Comtesse de Ségur die Rede, vor allem bei den berühmten Prügeln.

Ich habe die artigen kleinen Mädchen vor dieser Drohung bewahrt. Als ich selbst noch ein kleines Mädchen war und das Buch »Les petites filles modèles« der Comtesse de Ségur las, war ich enttäuscht, daß diese liebedienerischen, verlogenen kleinen Frauenzimmer nicht daran dachten, zu rebellieren. Das war nicht das, was ich von den Worten »petites filles modèles« erwartet hatte. (So habe ich sie viel später in »Zazie« gefunden.)

Ich habe sie so angezogen, daß sie keiner Mode entsprechen, aber sie tragen Kleider aus allen Epochen. Nur den großen, spitzenbesetzten Hut, unschuldig und frech, den habe ich immer beibehalten. Dafür habe ich meistens die Hosen weggelassen, denn bei den vielerlei Spielen, – sich maskieren, sich verkleiden, sich vollfressen oder katzbalgen oder dergleichen – ist das, was zählt, doch die Entdeckung des Körpers und das Spiel mit ihm.

TAUMELSPIELE

Bei diesen Spielen ist der Verlust des Bewußtseins das Wichtigste, der beseligende Schiffbruch des Ichs. Das Auf und Nieder einer Schaukel beginnt in Euphorie und Gelächter, um zu Absence und Schwindel zu werden. Daher die Schwierigkeit, aufzuhören: Die Anziehungskraft der Leere.

Gleichzeitig sind die Spiele glorreich gewonnene Schlachten gegen das Gesetz der Schwerkraft; welch ein Vergnügen, sich mit einem erfundenen, improvisierten Gleichgewicht messen zu können; das Gefühl, den Bereich des Menschlichen zu verlassen, den Raum in seiner heillosen Wahrheit zu erleben, die von der tröstlichen Gewohnheit verstellt wird.

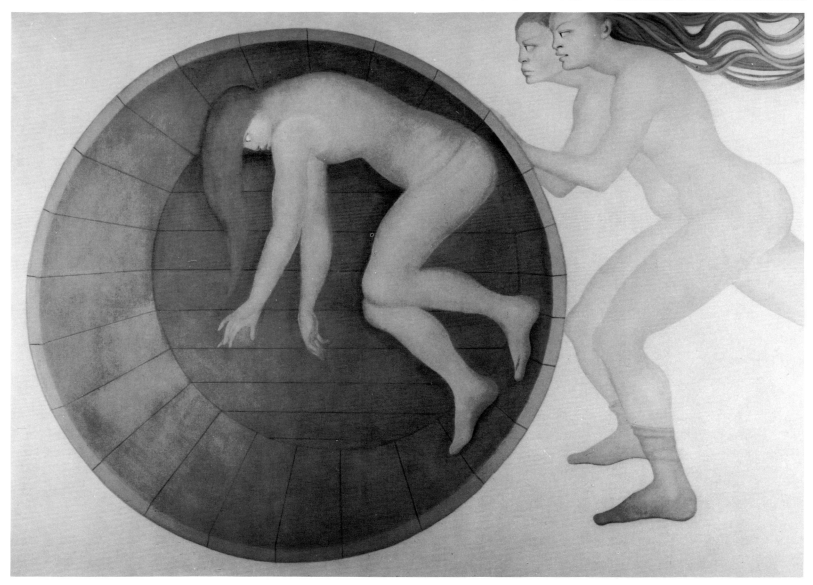

DIE HÜTERINNEN

THEATER
MASKEN

GESICHTER

Wenn man plötzlich im Spiegel statt der noch schlecht sitzenden Maske oder des gequälten, müden, verschlafenen Gesichtes das Innere des eigenen Hauptes sähe, unseres pochenden, zerbrechlichen, komplizierten, feuchten, oft genug mißgebildeten und schlecht gehaltenen Körpers, was wäre dann? Würde man denken, daß alle so sind, genau so? Würde man von entwaffnendem Mitleid für alle erfaßt? Von tiefster Entmutigung? Von Zorn?

Alt werden ist besonders für solche Leute peinlich, die jene Gleichförmigkeit wiederkommen sehen, der sie mühsam entronnen waren, und die sie stets getarnt hatten. Jahrelang pflegten sie das, was sie von anderen unterschied: das Einmalige, das Unvergleichliche; doch eines Morgens, ganz unerwartet, sehen sie sich von Abnützung und Verfall den anderen gleichgemacht, und die Eltern, die Großeltern scheinen ihnen aus dem Spiegel die Zunge herauszustrecken.

DIE ATMENDEN SCHATTEN
Pintos Erwachen (Ein Fragment)

Cyclop, der Chefkoch, läßt die Königin um eine Audienz bitten: »Euer Majestät, so kann es nicht weitergehen! Meine Fisch- und Wildbretgerichte stinken nach Zimmet und Schaumgebäck! Stellt die Dünste Eurer Sorbets ab oder ich werde Euch morgen vor Sonnenaufgang verlassen. Ich will nicht, daß meine Milz pelzig wird!«

»Ah, ja«. Die Königin begegnete seinen Augen mit Grimm. Sie war böse. Wie Nattern im Herbst zischten die Worte »enfant gâté« über den Teppich.

»Wieso: enfant gâté?« So jung und arglos, wie er war, das konnte er einfach nicht sein. Das Wort »gâté« hatte einen Beigeschmack von »nichtsnutzig«. Amaouri fühlte, wie eine schwarze Perle sich zwischen ihren Wimpern bildete, aber sie nahm sich zusammen. Sie war bestürzt über die Abnutzung und Sinnentleerung der Wörter und Wendungen; sie, die alles begreifen und alles *ihm* begreiflich machen wollte, sie wollte vor allem den Wörtern ihre ursprüngliche Bedeutung zurückgeben.

Sie legte ein Stück Goldbrokat auf den Divan und wählte dazu einige Kissen in verschiedenen Rosatönen (um ihn nicht zu erschrecken), dann ließ sie ihn zwischen die Rosen Bengalens und Mytilenes betten.

Benommen, wie er war, konnte er kaum die Augen offen halten und wurde nur durch ein bonbonrosafarbenes Kissen beruhigt, das sie selbst hinter seinem Kopf zurechtgerückt hatte. Sie lachte nur selten. In seiner Unschuld fragte der Junge sich, ob die leichte Berührung der schwarzen Fasanenfedern auf seiner Brust ein Spiel sei oder eher eine Warnung.

Amaouri ging rastlos umher. Sie erhellte und verdunkelte die Vitrinen, in welche fortwährend achtarmige Tintenfische hineinglitten, die an ihren miteinander verflochtenen Tentakeln Ringe und Armbänder trugen. Sie lauerte darauf, daß es einen Kampf gäbe, aber man merkte ihr an, daß sie, in Gedanken verloren, nicht bei der Sache war.

Aber, hellsichtig wie sie war, kannte sie ihren Reiz auf unvollendete Wesen. In ihrer Gegenwart begann ihre Schöpferkraft heftig zu brodeln. Gleichermaßen liebte sie unvoll-

endete Werke: Ihr Blick ruhte nachdenklich auf der Kreuzabnahme Pontormos, die neben ihrem Bett gegen einen Alabastersessel gelehnt stand, darauf waren die Engel nur mit Kohle angedeutet und fast ohne Farbe.

In Pinto Smalto fühlte sie, verborgen noch, zahllose Flügel unvollendeter Engel.

Jetzt ging sie, aus den Händen des Mondes den Mantel entgegenzunehmen, den sie ihm aus den irisierenden Flügeln von grünen und türkisfarbenen Libellen hatte weben lassen. Sie legte ihn um die Schultern ihres neuen Endymion. Pinto begriff sogleich: Alles zu wissen, bedeutet, daß man niemals wissen wird. Ihn fieberte, die Seide des Mantels schillerte immer stärker. Sekundenlang zitterten die Augen Amaouris vor Befriedigung.

Sie ließ die großen Gelehrten, gebeugt unter der Last riesiger Folianten, an ihm vorüberziehen. Er sah, er hörte Eustacchio und Fallopio über die »Röhren« diskutieren. Valverde ließ ihn in den staunenerregenden Seiten des anatomischen Atlas' blättern. D'Agauty zeigte ihm die Eleganz der hautlosen Muskulatur. Aldobrandi erklärte ihm zungenfertig die Monstren, während Ambroise Paré ihm mit seinem schiefen Lächeln anvertraute, daß es ganz und gar nicht ausgeschlossen sei, den milchigen Saft, der seine Adern leicht blau färbe, in dunkelrotes, fast schwarzes Blut zu verwandeln. Pinto verstand nur, daß ihm dies alles sehr dunkel blieb, vor allem aber er sich selbst; er erschrak bei dem Gedanken, welche Gefahr seine »Lymphe«, sein »Phlegma« liefen; stammte er doch aus dieser »rocca sovae«, in dem man nur den süßen Schlummer übte.

Schließlich verlangte Amaouri, daß man sie mit ihm allein lasse. Der Jüngling fühlte das Gewicht der eigenen Wimpern, und da er wirklich nicht sehr mutig war, wünschte er insgeheim, daß sie zu riesigen Fransen würden, die ihn ganz bedecken und allen Blicken entziehen würden. Aber die Königin bat ihn, sie anzuschauen, ihren Blick auszuhalten und ihm zu folgen. Ihr Blick umfaßte die Konturen des jungen Mannes mit der Schärfe einer Silberstiftzeichnung. Dann verwandelte sich ihr Blick in einen metallisch glänzenden Skarabäus aus den tropischen Äquatorialzonen; wie ein schimmerndes, langhörniges Insekt begann er über seine kindliche, mandelblanke Brust zu laufen. Er fühlte einen heißen Schauder; der Skarabäus verhielt seinen Lauf am Bauch, glitt sachte die Leiste herab und wanderte dort hin und her.

Pinto versuchte nun, die Schenkel zu öffnen, so wie Rachilde es ihm gezeigt hatte. Doch das Lächeln, das sich in diesem Moment bilden wollte, war nur ein Kräuseln der Lippen, ähnlich dem Seufzer eines Sterbenden. Ein wenig schwindlig bog er den Kopf zurück. Dann betrachtete Amaouri das, was die geöffneten Schenkel darboten, Schenkel unter so zarter Haut, daß er selbst dessen gewahr wurde, als er sie wieder schloß. Entzückt überließ er sich der Vision von weißen Bäuchen der Echsen, von Unterseiten soeben gefangener Fische, vom Zittern grüner Päonienblätter. Er versuchte zu widerstehen, aber er konnte nicht umhin, sich nur um so mehr zu entfalten. Vor diesem schwarzen und weithin schweifenden Blick bot er sich dar, wie geviertteilt, hingegeben, schmachtend. Er empfand eine starke Spannung, als ob er zerspränge. Der schwarze Blick durchdrang ihn bis ins Innerste, ließ seine Seele aufzucken, die er in diesem Augenblick nicht gleich wiedererkannt hatte.

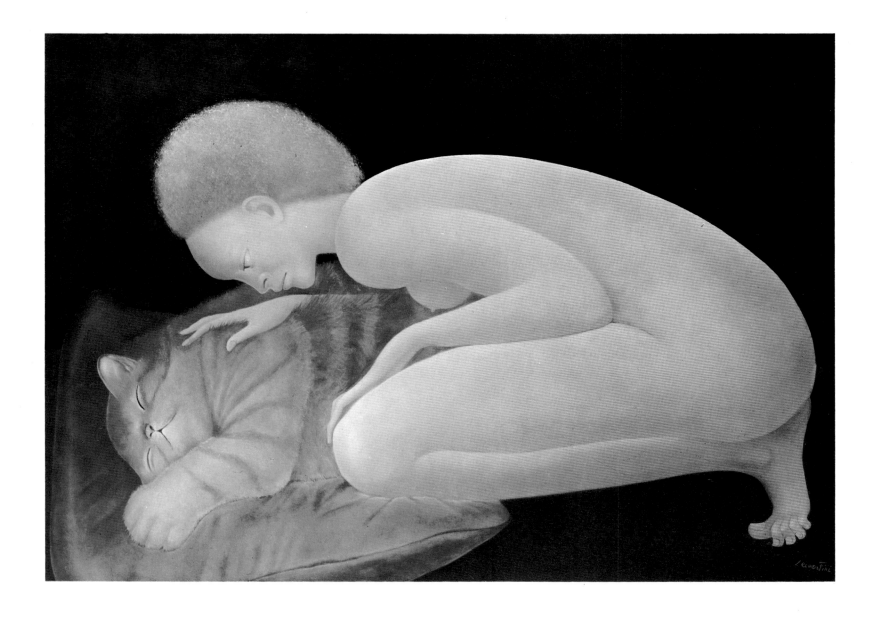

Danach erschien Amaouri wie ein Ritter in schimmernder Wehr. Er spiegelte sich in ihrem Harnisch. Sie trat zu ihm hin, beugte das Knie und rückte das kleine rosafarbene Kissen wieder unter seinem Kopf zurecht, dann verschwand sie. Nur ein stechender, pfeffriger Geruch blieb zurück, der sich jedoch mit der frischen Süße der Vanille mischte.

Er fühlte, daß kleinste Kristalle sich von innen gegen die Haut seiner Schenkel preßten. Er nahm durchsichtige Hieroglyphen wahr, die er hätte lesen mögen. Er glaubte, daß das Wort »Tätowierung« ein Liebeswort sei. Dann, allein im Halbschatten, bekam er eine kindliche Angst. Er sehnte die Morgensonne herbei und Porziella mit ihren einsilbigen Gedichten ... zum Spielen ... nur so zu leben ...

Ich sage manchmal, daß ich male, was ich gerne sehen möchte, etwas, das nicht existiert. Aber es ist mir vielleicht nicht ganz ernst gemeint, denn der Weg, den ich mit meiner Malerei beschreite, ist mit in der Realität ebenso unbekannt wie ihren Betrachtern. Wohl weiß ich, daß es sich um mein Ich handelt, jenes Ich, daß sich darin ausdrückt, sich zu verkleiden, Masken zu tragen, Erinnerung, Übertragung zu sein, heimatlos außerhalb meiner selbst, und darum kann ich so tun, als hätte ich ein Anzeichen ausfindig gemacht, das dieses oder jenes vorherzusehen erlaubt. Meine Intuition oder Deduktion kann richtig sein; ich könnte allerdings auch das genaue Gegenteil vermuten. Aber eigentlich geht es mich gar nichts an. Ganz gewiß jedoch sollen die Bilder, die ich entstehen lasse, unverwechselbar sein. Ich will, daß sie so gut wie möglich gemalt sind; nämlich als Schnittpunkt dessen, was durch mich zum Ausdruck will, und meiner Art, ihm Ausdruck zu verleihen. Nur so male ich gern, nur so empfinde ich dabei Lust, Konzentration, Intensität; Eine Spannung, fast wie »Glück«; das Gleiche, was für andere Schwimmen, Tanzen, Singen ist.

    Darum glaube ich auch nicht an »das Ende der Malerei«. Ich halte sie eher für eine Tätigkeit, die sich aus ältesten Quellen speist, die sich zurückverfolgen läßt bis zum Gärtnervogel, bis zu den Balzritualen der Tiere, wie sie uns von den ersten Menschen durch die Entdeckung des Spiels und der Magie überliefert worden sind.

    Es wird vielleicht Jahrtausende dauern, bis dieser Instinkt verloren geht, bis diese Flossen oder Pfoten abfallen und etwas anderes an ihre Stelle tritt. In diesem Sinne spielt sich meine Malerei jenseits der »Seriosität« ab; und Fanatismus, Verbissenheit und Manie finden sich statt dessen.

    Was man auch macht, die Zeit enthüllt genau den Augenblick, an dem man sich gegen sie wandte, und sie rückt alles wieder zurecht. Es ist auch vorgekommen, daß die Gegenströmung den Zeitgeist nährte, wenn der Strom versiegt war.

DEN WEG ENTLANG

EISENBAHNEN

Was ist enger begrenzt als ein Eisenbahnabteil, in dem – ganz abgesehen davon, daß man sich darin nicht bewegen kann – fast alles verboten ist. Verboten, sich aus dem Fenster zu lehnen, verboten, die Notbremse zu ziehen, verboten, während des Aufenthaltes der Züge auf Bahnhöfen den Abort zu benutzen. Als Kind war ich überzeugt, daß die Übertretung eines

einzigen dieser Verbote ein Eisenbahnunglück zur Folge haben würde. So sind die Zugabteile eben: Gleichermaßen furchterregend und Schutz gewährend, Orte vorübergehender Annäherung, wo man einen falschen Schlaf schläft, wo man sich klaustrophoben Träumen überläßt und sich ekstatischen oder kriminellen Träumereien hingibt . . .

Bilder sprechen ihre eigene Sprache. Sie erzählen von Pfaden, die man zurückgelegt hat, von verstohlenen Pfaden. Es bleibt nichts hinzuzufügen. Es gibt keine Allegorie, es gibt nur mehr die Ablehnung der Allegorien.

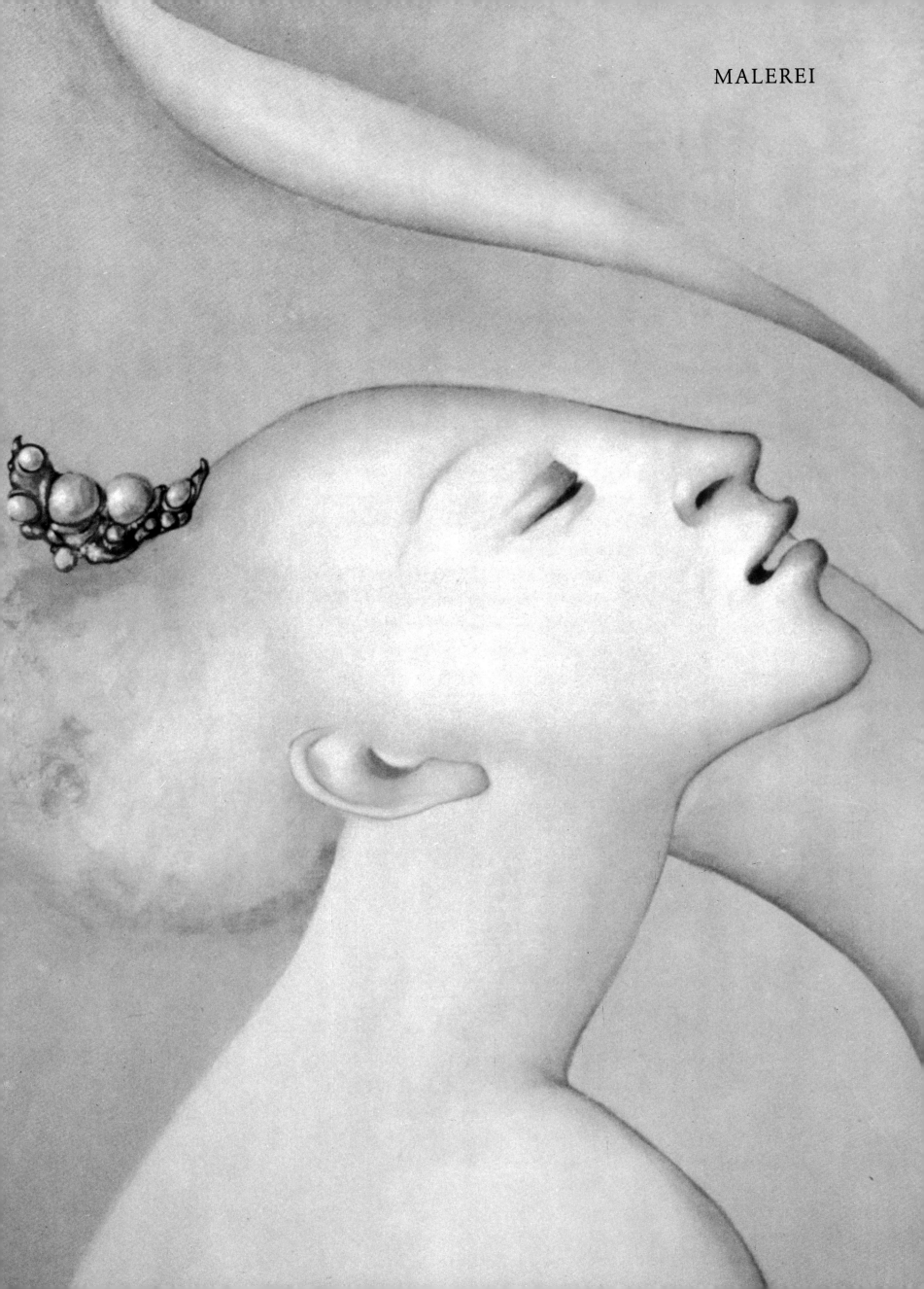

MALEREI

203

PARIS

An Hand dieser Bilder, dieser kurzen Aufzeichnungen und Fragmente ergibt sich fast eine Autobiographie. In meiner Malerei spreche ich niemals das Wort *Ich* aus, und jedermann weiß, daß man in einem Gemälde oder einem Gedicht vergeblich einen Einblick in eine bestimmte Lebensphase zu gewinnen, ein Profil wiederzuerkennen oder eine genaue Erinnerung zu finden sucht, denn unbewußt hat der Künstler die Vielfalt des Wirklichen schon umgesetzt.

Gleichwohl sind die von Natur aus Schöpferischen vom Schicksal zu Exhibitionisten bestimmt. Es ist ihnen nicht gegeben, sich in einen dunklen Verschlag einzuschließen, verschleiert oder hinter einer Maske versteckt, mit Federn geschmückt oder mit Kehricht bedeckt; ihren gesamten Krimskrams und ihr Œuvre unter einem durchhängenden Diwan gestapelt.

Sie mißtrauen dem Blick der anderen, aber sie haben ihn nötig. Sie wissen: – wenn sie erst bekannt oder berühmt sind, wird ihre Lage schwierig, verdrießlich, kaum erträglich, falls sie nicht die Gabe haben, sich innerlich völlig abzuschließen oder aus sich herauszutreten. Aus dem vielfach gebrochenen Bild, das sie bieten, wählen jene, die den Schritt verhalten, um hinzuschauen, diejenige Facette, die ihnen am glänzendsten und ihnen selbst mehr oder weniger ähnlich scheint.

Wenn jedermann vielfältig ist, sind diejenigen selten, die das wissen. Erkannt, wird man also unbekannter denn je zuvor und ganz gewiß verkannt. Aber die Lust, sich auszudrücken, das Leben von neuem zu erfinden, kommt immer wieder und die Schöpfer werden wieder sichtbar – ein Circulus vitiosus, der wieder und wieder beginnt – bis zu dem Tag, an dem er sich endgültig schließt.

VERZEICHNIS DER BILDER

Umschlag-
bild: Leonor Fini, 1975. (Foto Eddy Brofferio)
Seite 2/3:   Leonor Fini vor ihrem Haus in Saint-Dyé. (Foto Eddy Brofferio)
Seite 5:   Inschrift: Nach Jean Pache »Ma fauve, mon amour«, Gedicht aus »Rituel«, L'Aire, 1971, »Quelqu'un parle et me ressemble, sans être moi tout à fait, au-delà des larmes.« Text von Leonor Fini, 1975.

KINDERSTUBE

Seite 6:   Leonor Fini im Geäst eines Baumes in Triest, im Alter von acht Jahren.
Seite 7:   *Kinderstube*, 1970. Öl 81×130 cm. Sammlung Marci, Gstaad.
Seite 8:   oben: Leonor Fini rittlings auf einer Sphinx im Park Miramar in Triest.
              unten: Allegorische Figuren zu Füßen des Denkmals Maximilians von Österreich, des Kaisers von Mexico. Ebenfalls im Park Miramar, Triest (Foto Eddy Brofferio). Die Skulpturen wurden etwa 1875 von dem deutschen Künstler Johannes Schilling geschaffen.
Seite 9:   Kriegerhäupter, die die Portale von Triestiner Häusern schmücken. (Foto Eddy Brofferio)
10 und 11:   Zwei Giganten, die über der Uhr auf dem Rathausturm von Triest die Stunde schlagen. Sie wurden Mikez und Jakez genannt, zwei maurische Riesen; 1870 von dem Bildhauer Franco Asteo geschaffen.
Seite 12:   Das Cinéma Eden existiert noch immer ... Bildhauer: Romeo de Paoli und Romeo Rathmann, 1906.
Seite 13:   Das Haus, in dem Leonor Fini ihre Kindheit verbrachte, Via XX Settembre. Der Balkon mit der Schlange wurde 1771 von dem Architekten Giovanni Bobolini geschaffen.
14 und 15:   Fotografische Porträts von Onkeln, Tanten, Großeltern und Malvina Fini, der Mutter von Leonor Fini. Leonor Fini und ihre Mutter. (Foto R. Overstreet)
Seite 16:   Foto von Leonor Fini, als sie sechs Jahre alt war. Reproduktion eines Bildes von Franz Stuck. Ihre »erste Eisenbahn«, Bleistiftzeichnung.
Seite 17:   Aquarell, 1967: *Le poker*.
Seite 18:   Aquarell: *Une amie de ma mère*.
Seite 19:   Öl: *Recontre pendant la Nuit*.
              Öl: *Le Trouble*.

ZEREMONIEN

Seite 20:   Text von Leonor Fini, 1974.
              Prima Ballerina Assoluta, 1969. Öl auf Leinwand, Durchmesser 100 cm. Sammlung Rhodewald, Basel.
Seite 21:   *L'Envoi* (Zueignung), 1970. Öl 89×130 cm (Ausschnitt). Privatbesitz.
Seite 22:   *D'un Jour à l'autre* (Von einem Tag zum anderen), 1946. Öl 73×54 cm (Ausschnitt). Sammlung Marquise Spinola, Viareggio.
Seite 23:   *La Prison de Zigrifine* (Das Gefängnis von Zigrifine), 1975. 80×60 cm. (Ausschnitt)
24 und 25:   *L'Essayage II*, 1972. Öl 150×150 cm. Sammlung Marci, Gstaad.
Seite 26:   Zeichnung.
Seite 27:   *La Belle Dame sans merci au Pied de Porc* (Die erbarmungslose Schöne mit dem Schweinefuß), 1969. Öl 116×73 cm.
Seite 28:   *L'Essayage I*, 1966. Öl 116×81 cm. Privatbesitz, Brüssel.
Seite 29:   *Basse Couture*, 1974. Öl 73×60 cm. Sammlung Carpentier, Paris.
Seite 30:   *L'Après-midi entier* (Der ganze Nachmittag), 1974. Öl 81×60 cm.
Seite 31:   *L'Envoi* (Zueignung), 1970. Öl 89×130 cm. Privatbesitz.
              La Boîte de Pandora (Die Büchse der Pandora), 1972. Öl 130×89 cm. Sammlung Porteerer, Brüssel.

VON EINEM TAG ZUM ANDEREN

Seite 32:   Leonor Fini als schwarzer Engel. (Foto André Ostier)
Seite 33:   Leonor Fini.
Seite 34:   Leonor Fini als Schnee-Eule, 1949. (Foto André Ostier)
Seite 35:   Leonor Fini. Korsika 1970. (Foto Eddy Brofferio)
Seite 36:   Leonor Fini. Korsika 1970. (Foto Eddy Brofferio)
Seite 37:   Leonor Fini. Korsika 1970. (Foto Eddy Brofferio)
38 und 39:   Leonor Fini, 1970. (Foto Eddy Brofferio)
Seite 40:   Leonor Fini, Korsika, 1968. (Foto Eddy Brofferio)

Seite 41: Text von Leonor Fini, 1974.
42 und 43: *Rasch Rasch Rasch, meine Puppen warten*, 1975. Öl 146×114 cm.
Seite 44: Leonor Fini, 1974. (Foto Eddy Brofferio). Text von Leonor Fini, 1973.
Seite 45: 1973 wurde der Entwurf zu einem Schmuckstück in begrenzter Auflage durch den Verleger Claude Tchou realisiert. (Foto Irmili Yung)

FESTE IM LEEREN

Seite 46: *La Fête dans le Vide* (Das Fest im Leeren), 1974. Öl 145×115 cm. Privatbesitz, Paris.
Seite 47: *La Fête dans le Vide.* Ausschnitt. Text von Leonor Fini.
Seite 48: Ein Fest im Sommer, 1968. (Foto Eddy Brofferio)
Seite 49: Auf der Loire, 1974. (Foto Eddy Brofferio)
Seite 50: Editha Dussler, Sommer 1968. (Foto Eddy Brofferio)
Seite 52: *La Balance*, 1974. Öl 81×60 cm. Privatbesitz, Chicago.
Seite 53: Leonor Fini mit Constantin Jelenski und dem Maler Michel Henricot, Sommer 1969. (Foto David Hamilton)
54 und 55: Das Kloster von Nonza auf dem Cap Corse. (Foto Richard Overstreet)
Seite 56: Ein Gästezimmer: die Sakristei des Klosters.
  unten: Der Chor der verfallenen Kirche des Klosters. (Foto Transacphot)
Seite 57: Das Kloster (Partie aus den Ruinen). (Foto Karl H. Bast)
Seite 58: Aus den Erinnerungen von Murmur, Sohn von Belinda und eines unbekannten Mannes. (Auszug aus einem Feenmärchen für Kinder.) Geschrieben 1968, im Kloster auf Korsika.
  Zeichnung zur Erzählung von Murmur.
Seite 60: Murmur. Zeichnung.
Seite 61: Die Katze Trilby. (Foto Richard Overstreet)
Seite 62: Zeichnung: Hexe für »Le Sabbat ressuscité par Leonor Fini« von Jacques Audiberti.
Seite 63: Leonor Fini. (Foto E. Brofferio)
Seite 64: Zeichnung.
Seite 65: Leonor Fini, Korsika 1975. (Foto Richard Overstreet)
66 und 67: Sommer im Kloster mit Richard Overstreet, Michel Henricot, Juan Bautista Pineiro, Rafael Martinez, Stanislao Lepri, Constantin Jelenski. (Fotos von Richard Overstreet und Denis Clerval.)
Seite 69: Leonor Fini, 1968. (Foto E. Brofferio)
Seite 70: Kleine Katzensirene. Geschenk von Stanislao Lepri für L.F.
Seite 71: Leonor Fini. Katzenmaske, 1968. (Foto J. Boulay)

LES BELLES DAMES SANS MERCI

Seite 72: *La Serrure* (Das Schlüsselloch), 1965. Öl 116×81 cm. (Ausschnitt). Sammlung Veranneman, Brüssel.
Seite 73: *La Chambre descellée* (Das entsiegelte Zimmer), 1964. Öl 92×73 cm. Sammlung Sforza, Straßburg.
Seite 74: *Reine de Saba* (Königin von Saba), 1975. Öl 116×81 cm.
Seite 75: Leonor Fini als Riesin, 1968, Korsika. (Foto Eddy Brofferio)
  rechts: *Vesper Express*, 1965. Öl 81×116 cm (Ausschnitt). Sammlung Turati, Turin.
76 und 77: *Pour Sheridan Le Fanu*, 1974. Öl 130×90 cm. Sammlung Jean-Philippe Altmann, Paris.
78 und 79: *La Ligne d'ombre* (Die Schattenlinie), 1965. 60×101 cm (Ausschnitt). Sammlung de Banfield, Triest.
  Hécate, 1965. Öl 81×120 cm.
  L'envers d'une Géographie (Gegengeographie), 1967. Öl 70×116 cm. Privatbesitz, Schweiz.
Seite 80: *La Passagère* (Die Vorübergehende), 1964. Öl 130×89 cm. Sammlung Agnelli, Italien.
Seite 81: Zeichnung.
Seite 82: *L'Egarée de Staglieno* (Die Verirrte von Staglieno), 1974. Öl 93×65 cm. Sammlung J.P. Loup, Chicago.
Seite 83: *Casta Diva*, 1974. Öl 130×90 cm. Im Besitz der Künstlerin.
84 und 85: Zeichnungen.
Seite 86: *Proserpine ou les Enfants substitués* (Proserpina oder die vertauschten Kinder), 1974. Öl 130×97 cm. Sammlung Marci, Gstaad.
Seite 87: *Les Déchireuses* (Die Zerfleischenden), 1974. Öl 100×100 cm. Sammlung Carpentier.

KATZEN

Seite 88: Die Katze Négrina. (Foto R. Overstreet) Text von L.F. 1972–1973.
Seite 89: *Le Couronnement de la Bienheureuse Féline* (Die Krönung der glückseligen Féline), 1974. Öl 116×81 cm.

Seite 90: Die Katze Rinfignina, die Katze Sarah, der Kater Mignapouf. (Foto R. Overstreet)
Seite 92: Die Katzen. (Fotos R. Overstreet)
Seite 93: Leonor Fini in ihrem Zimmer in Paris. 1973. (Foto M. C. Orive)
Seite 95: *La Rosée* (Der Tau), 1963 (Ausschnitt). Öl 92×65 cm. Privatbesitz.
Seite 96: *Gruppenbild sämtlicher Katzen der Leonor Fini*, 1952. Öl auf Holz, 80×69 cm.
Seite 97: Die Katze Heliodoro. (Foto Karl H. Bast)
Seite 98: Zeichnung. Text von Claude Manceron, aus »Les Hommes de la Liberté«, Band 2: *Le Vent d'Amérique*, Verlag Robert Laffont.
Seite 99: Stanislao Lepri: *chatte I*, 1962. 61×38 cm. Privatbesitz, London.
unten: Stanislao Lepri: *chatte II*, 1963. 61×38 cm. Privatbesitz, London.

SPHINGEN

Seite 100: Sphinx, Zeichnung. Text von Leonor Fini, 1974.
Seite 101: Leonor Fini, 1969. (Foto Eddy Brofferio)
102/103: Zwei steinerne Sphingen aus dem zweiten Empire im Garten von Saint-Dyé-sur-Loire: Sommer und Winter. (Foto Jacques Boulay)
Seite 104: *Sphinx Philagria*, 1945. Öl 50×40 cm. Sammlung Cavalli, Turin.
Seite 105: Leonor Fini mit der Winter-Sphinx in Saint-Dyé. (Foto R. Overstreet)
106/107: Text von Leonor Fini, 1947. Fragment der Erzählung »Der Pantigan«.
108/109: *Divinité chthonienne guettant le Sommeil d'un Jeune Homme.* (Erdgöttin belauert den Schlaf eines jungen Mannes), 1947. Öl 28×41 cm. Früher Sammlung G. Sébastian.
Seite 110: Kleine Porzellansphinx. Sammlung Lise Deharme.
Seite 111: *Ilaria.* Lithographie, 1975.
Seite 112: *La Belle.* Lithographie, 1974.
Seite 113: Sphinx. Zeichnung 81×65 cm. Sammlung R. Overstreet.

WIEN

Seite 114: Sphinx im Garten von Schloß Belvedere in Wien. (Foto Karl H. Bast)
Seite 115: Skulptur an einem Hause des Architekten Wagner. Um 1900.
116/117: Papageno und seine Kinder. Skulpturen am Theater an der Wien.
Seite 118: Zeichnung eines Skeletts, 1974.
Seite 119: Detail von der Pestsäule am Graben in Wien. (Foto Karl H. Bast)
Seite 120: Ausschnitt einer manieristischen Skulptur. (Foto Karl H. Bast)
Seite 121: Kapuzinergruft in Wien: Ausschnitt von den Habsburger Gräbern. (Foto Karl H. Bast)
122/123: Paravent, 1973. Öl auf Papier, Serigraphie in begrenzter Auflage bei Dietz Offizin, Lengmoos.

SKELETTE UND TOD

Seite 124: Text von Leonor Fini, 1974.
Seite 125: Grabmal um 1900, Friedhof Père Lachaise, Paris. (Foto Karl H. Bast)
126/127: *L'Amitié* (Freundschaft), 1958. Öl 116×73 cm. Sammlung Valentina Cortese, Mailand.
Seite 128: Zeichnung.
Seite 129: *L'Amour sans Condition* (Bedingungslose Liebe), 1958. Öl 60×101 cm. Sammlung Toso, Turin.
130/131: Mumien in den Katakomben von Palermo. (Fotos Peyrolle)
Seite 132: Zeichnung.
Seite 133: *Les Métamorphes équivoques* (Zweideutig Verwandelte), 1953. Öl 92×65 cm.
Seite 134: *Les deux Cranês*, 1950. Öl 55×23 cm. Sammlung Leonor Fini.
Sphinx Philagria, 1945. Öl 50×40 cm (Ausschnitt). Sammlung Solari, Rom.
Seite 135: Skulptur eines Schädels von der Mauer eines Klosters in Bonn. (Foto Karl H. Bast)
Seite 136: Raimundo di Sangro, Fürst von Sansevero: Anatomische Darstellung (XVIII. Jahrhundert). Capella di Sangro, Neapel.
Seite 137: Zeichnung.

DER LANGE SCHLUMMER DER BLUMEN

Seite 138: *La Rosée* (Der Tau). Öl 92×65 cm. (Ausschnitt) Privatbesitz.
Seite 139: *Chimère*, 1961. Öl 92×73 cm. (Ausschnitt) Sammlung Hans Schröder, Garmisch-Partenkirchen.

Seite 140: Zeichnung.
Seite 141: *L'Abreuvoir de Nuit* (Die Tränke der Nacht), 1963. Öl 92×65 cm. (Ausschnitt) Privatbesitz, Schweiz.

LES GRANDS CHAPEAUX DE CLARTÉ

Seite 142: *L'Autre Côté* (Die andere Seite), 1964. Öl 116×81 cm. (Ausschnitt). Sammlung Umberto Agnelli, Turin.
Seite 143: *Le Chapeau* (Der Hut), 1969. Öl 101×100 cm. Sammlung Lars Schmitt. Text von Leonor Fini, 1975.
Seite 144: Illustrationen zu »Les Petites Filles modéles«
Seite 145: *L'Autre Côté* (Die andere Seite), 1964. Öl 116×81 cm. Sammlung Umberto Agnelli, Turin.
Le Retour des Absents (Die Rückkehr der Abwesenden), 1963. Öl 116×81 cm. Sammlung Valentina Cortese, Mailand.
146/147: Leonor Fini, Sommer 1968. (Foto E. Brofferio)
Seite 148: Zeichnungen zu »Les Petites Filles Modéles«. (Entwürfe für die Gravüren bei der Edition Arts et Valeurs, Paris 1972.)
Seite 149: *Les Mutantes* (Die Verwandelten), 1971. Öl 147×81 cm. (Ausschnitt). Sammlung Porteerer, Brüssel. Text von Leonor Fini, 1975.

TAUMELSPIELE

150/151: *Les Mutantes* (Die Verwandelten), 1971. Öl 147×95 cm. Sammlung Porteerer, Brüssel.
Seite 152: Text von Leonor Fini, 1975. Zeichnung.
Seite 153: *Les Mutantes* (Die Verwandelten). (Ausschnitt)
Seite 154: *Récréation* (Erfrischung), 1970. Öl 116×81 cm. (Ausschnitt). Privatsammlung, Schweiz.
Jeux de Vertige (Taumelspiele), 1970. Öl 116×81 cm. (Ausschnitt). Privatsammlung, Japan.
Le Jeu de la Vérité (Das Spiel der Wahrheit), 1972. Öl 116×81 cm. Privatsammlung, Japan.

DIE HÜTERINNEN

Seite 155: Leonor Fini. Paris 1972. (Foto Marcel Imsand)
156/157: *L'Enroulement du Silence* (Das Schweigen dehnt sich aus), 1955. Öl 100×65 cm. Privatbesitz, Lausanne.
Seite 158: Zeichnung.
Seite 159: *Le Voile* (Der Schleier), 1956. Öl 116×81 cm. Sammlung Teague, Lausanne.
La Gardienne des Phénix (Die Hüterin des Phönix), 1954. Öl 73×54 cm. Privatbesitz.
Le Double, 1955. Öl 50×72 cm. Privatbesitz.
160/161: *La Chambre d'Echo* (Das Echo-Zimmer), 1975. Öl 116×81 cm.

THEATER · MASKEN

Seite 162: Zeichnung. (Walk with love and death. Film von John Huston, 1968.)
Seite 163: Leonor Fini, 1970. (Foto E. Brofferio)
164/165: Leonor Fini und Michel Henricot: Maske 1969. Sammlung Michel Henricot, Paris.
Seite 166: Zeichnung. Entwurf für »Das Liebeskonzil« von Oskar Panizza, inszeniert von Jorge Lavelli.
Seite 167: Zeichnung zu »Das Liebeskonzil«.
Seite 168: Kostümentwürfe für »Das Liebeskonzil« und den Film »Walk with love and death« von John Huston.
Seite 169: »Das Liebeskonzil«: Verkündigungsengel (dargestellt von André Cazalas). (Foto Nicolas Treatt)
Seite 170: »Das Liebeskonzil«. (Foto Nicolas Treatt)
Seite 171: »Das Liebeskonzil«. Grafik 1973.

GESICHTER

Seite 172: Joël Grey in »Cabaret«. Film von Bob Fosse. (Foto Allied Artists)
Seite 173: Medusa (Sammlung Enrico Colomboto, Turin). Text von Leonor Fini, 1974.
Seite 174: Aquarell.
Seite 175: Isak Dinesen, in Deutschland bekannt unter ihrem Autorennamen Karen Blixen und durch ihren Erzählungen-Band »Afrika, dunkel lockende Welt«. (Foto E. Brofferio)
Seite 176: Rita Renoir in »Le Diable« (Der Teufel), Paris, 1972. (Foto Jean-Pierre George).
Seite 177: Aquarell.
Seite 178: Aquarell.
Seite 179: Leonor Fini, 1969. (Foto Eddy Brofferio)

Seite 180: Valentina Cortese, Foto Luigi Ciminaghi/Piccolo Teatro, Mailand.
Seite 181: Kopf, 1974. Öl auf Seide 30×40 cm.
Seite 182: Kopf, 1974. Öl auf Seide 30×40 cm.
Seite 183: Anna Magnani, 1968. (Foto E. Brofferio)

ATMENDE SCHATTEN

Seite 184: Text von Leonor Fini, 1956.
Seite 185: Leonor Fini, Paris 1969. (Foto E. Brofferio)
186/187: *La Toilette inutile* (Die nutzlose Toilette), 1964. Öl 55×83 cm. Sammlung Janssen, Brüssel.
Seite 188: *Phébus endormi* (Schlafender Phöbus), 1967. Öl 100×73 cm. Sammlung Marci, Gstaad.
L'Entre-Deux (Zwischen Zweien), 1967. Öl 116×73 cm. Privatbesitz.
Seite 189: *L'Entre-Deux* (Ausschnitt).
190/191: *Ophelia*, 1963. Öl auf Leinwand 92×65 cm. Privatbesitz.
Seite 192: Pinto Smalto. Das Erwachen von Pinto Smalto. Fragment einer Erzählung von Leonor Fini aus dem Jahre 1960, gleichsam die Fortsetzung einer Erzählung von Basile, dem Autor des Pentamerone, einer Sammlung Schwänke und barocken Grotesken in der neapolitanischen Volkssprache des 18. Jahrhunderts.
Seite 193: *Psyche*, 1974. Öl 81×115 cm.

DEN WEG ENTLANG

Seite 194: Text von Leonor Fini, 1974.
Seite 195: Leonor Fini vor ihrem Haus in Saint-Dyé, 1974. (Foto E. Brofferio)
196/197: Text von Leonor Fini, 1975. *Train de Jour* (Tageszug), 1970. Öl 100×45 cm. Privatbesitz, Genf. (Foto Claude Mercier, Genf)
Seite 198: *Le Voyage* (Die Reise), 1965. Öl. Privatbesitz.

MALEREI

Seite 199: *La Leçon de Botanique* (Naturkundeunterricht), 1974. Öl 120×120 cm. (Ausschnitt)
Seite 200: Zeichnung.
Seite 201: *L'Orphelin de Velletri* (Die Waise von Velletri), 1973. Öl 115×81 cm.
Seite 202: Zeichnung.
Seite 203: *La Leçon de Rhétorique* (Unterricht in Rhetorik), 1974. Öl 100×100 cm.
La Traitement (Die Behandlung), 1972. Öl 100×100 cm. Privatbesitz, Schweiz.
Seite 204: *La Leçon de Paléontologie* (Unterricht in Altertumskunde), 1973. Öl 120×120 cm.
Seite 205: *La Leçon de Botanique* (Naturkundeunterricht), 1974. Öl 120×120 cm.

PARIS

Seite 206: Zeichnung.
Seite 207: Sphinx am Hôtel de Sallé, Paris. (Foto J. Boulay)
208/209: Der Alltag in Paris. (Fotos Richard Overstreet, Jean-Pierre Buel, José Alvarez, Alpay, Jacques Boulay)
210/211: Bei Leonor Fini in Paris. (Fotos Jacques Boulay, M.-C. Orive)
212/213: Stanislao Lepri: *La Chambre de Leonor* (Das Zimmer der Leonor). Im Besitz von Leonor Fini.
Seite 214: Kopf. Auf Seide gemalt.
Seite 215: Text von Leonor Fini, 1975.
Seite 216: Leonor Fini in Saint-Dyé, 1974 (Foto R. Overstreet)

ANHANG

LEONOR FINI wurde in Argentinien geboren. Ihre Mutter stammt aus Triest, ihr Vater aus Buenos Aires. Venezianer und Neapolitaner, Slawen, Deutsche und Spanier waren unter ihren Vorfahren. Ihre Kindheit und Jugend verbrachte Leonor Fini in Triest. Seither lebt sie in Paris.

AUSSTELLUNGEN

Sonderausstellungen:

- 1948: Palais des Beaux-Arts, Brüssel.
- 1956: Galerie Drouand-David, Paris.
- 1957: Galerie Gelatea, Turin.
- 1959: Galerie Rive Droite, Paris.
- 1963: Iolas Gallery, New York.
- 1965: Große Retrospektive im Casino von Knokke-le-Zoute.
- 1965: Galerie Iolas, Paris.
- 1967: Hanover Gallery, London.
- 1968: Galerie Torbandena, Triest.
- 1969: Galerie Brockstaedt, Hamburg.
- 1969: Galerie Gmurzynska, Köln.
- 1970: Galerie Isy Brachot, Brüssel.
- 1970: Galerie Lambert Monet, Genf.
- 1970: Galerie Il Fauno, Turin.
- 1972: Galerie Verrière, Paris.
- 1972: Retrospektive in Japan (Museen von Tokyo, Osaka, Kyoto).
- 1974: Galerie Altmann-Carpentier, Paris.

Andere Sonderausstellungen fanden statt in Rom, Mailand, Zürich, Antwerpen, Turin, Kairo, Alexandria, Genf u.a. In der Galerie Altmann-Carpentier, Paris, hängen ständig Bilder von L.F.

Gemeinschaftsausstellungen:

- 1957: Bosch, Goya und die Phantasten, Bordeaux.
- 1964: Le Surréalisme, Galerie Charpentier, Paris.
- 1966: Labyrinth, Berlin.
- 1966: Phantastische Kunst, Wien.
- 1968: Ruhrfestspiele Recklinghausen.
- 1968: Erotische Kunst, Lund.
- 1968: Trésors de Surréalisme, Knokke-le-Zoute.
- 1970: Surréalisme, Bordeaux, Museum.
- 1970: Albrecht Dürer, Nürnberg.
- 1972: Surrealismus, Haus der Kunst, München, und Musée des Arts Décoratifs, Paris.
- 1974: Sammlung Peggy Guggenheim, Orangerie, Paris.

Teilnahme an der Biennale von Venedig, der Quadriennale in Rom, dem Salon de Mai in Paris.
Ihre Bilder befinden sich in den Museen für moderne Kunst in Paris, Rom, Brüssel, Grenoble, Triest, Lodz.

BÜHNENBILDER UND KOSTÜME

- 1945: *Le Palais de Cristal*, Ballett von Balanchine, Opéra de Paris.
- 1948: *Les Demoiselles de la Nuit*, Ballett von Jean Anouilh und Roland Petit, Musik von Jean Françaix, Théâtre Marigny.
- 1949: *Le Rêve de Leonor*, Ballett von Benjamin Britten, Ballets de Paris.
- 1954: *La Volupté de l'Honneur*, von Pirandello, Théâtre Saint-Georges.
- 1955: *Bérénice*, von Racine, Compagnie de Jean-Louis Barrault et Madeleine Renaud, Paris.
- 1956: *Le Mal court*, von Jacques Audiberti, Théâtre de la Bruyère.
- 1956: *Les Amants puérils*, von Crommelynck, Noctambules.
- 1958: *Requiem pour une Nonne*, von Faulkner-Camus, Mathurins.
- 1959: *La Mégère apprivoisée*, von Shakespeare, in der Bearbeitung von Audiberti, Théâtre Edouard VII.
- 1959: *Sebastian*, Ballett von Giancarlo Menotti, Compagnie Cuevas.
- 1960: *La Parisienne*, von Henri Becque, Comédie-Française.
- 1961: *Les Bonnes*, von Jean Genet, Compagnie Bruzzichelli J.M. Serreau, Odéon.
- 1961: *Le Chandelier*, von Musset, und *Une Visite de Noces*, von Alexandre Dumas fils, Comédie-Française.
- 1962: *Coralie et Cie*, von Valabrègue und Hannequin, Théâtre Sarah Bernhardt.
- 1963: Tannhäuser, Opéra de Paris.
- 1964: *Lucrèce Borgia*, von Victor Hugo, Théâtre du Vieux-Colombier, Paris.
- 1967: *La Fête noire*, von Audiberti, Festival du Marais.
- 1968: *Le Concile d'Amour*, von Oskar Panizza, inszeniert von Jorge Lavelli (Kritikerpreis für die beste Ausstattung 1968).
- 1969: *Le Balcon*, von Jean Genet, inszeniert von Antoine Bourseiller, Théâtre du Sud-Est, Marseille.

Kostüme für Filme:

- 1953: *Giulietta e Romeo*, Film von Renato Castellani.
- 1968: *Walk with Love and Death*, Film von John Huston.

BIBLIOGRAPHIE

Monographien. Bücher, die ausschließlich Leonor Fini gewidmet sind:

1945: *Leonor Fini*, illustrierte Monographie, Texte von Alberto Moravia, Mario Praz, C.H. Ford, Edmond Jaloux, Georges Hugnet, Paul Eluard, Alberto Savinio, Editions Sansoni, Rom.
1949: André Pieyre de Mandiargues: *Les Masques de Leonor Fini*, illustrierte Monographie, Paris.
1950: Jean Genet: *Lettre à Leonor Fini*, illustrierte Monographie, Loyau, Paris.
1951: Raffaele Carrieri: *Leonor Fini*, illustrierte Monographie, Galleria, Mailand.
1955: Marcel Brion: *Leonor Fini et son Œuvre*, illustrierte Monographie, J.-J. Pauvert, Paris.
1964: Yves Bonnefoy: *Leonor Fini ou la Profondeur délivrée*, illustriert, Iolas, Paris.
1964: *Leonor Fini*, illustrierter Katalog, Knokke-le-Zoute, Casino communal, XVIII. Belgisches Sommerfestival, Texte von Paul Eluard, Paul Fierens, Jean Cocteau, Marcel Brion, Max Ernst, Jean Paul Guibbert, Yves Bonnefoy, Jacques Audiberti, Editions André de Rache, Brüssel.
1968: Constantin Jelenski: *Leonor Fini*, illustrierte Monographie, La Guilde du Livre et Clairefontaine, Lausanne; Keller Verlag, München; Olympia Press, New York. Ausgezeichnet mit dem Preis für das schönste Buch der Schweiz sowie für das schönste Buch der Bundesrepublik Deutschland.
1970: Anne-Marie Devaivre: *L'Approche picturale d'Univers littéraires: les illustrations de Leonor Fini*, Mai 1970. Illustrierte Studie, verlegt bei der Société des gens de lettres.
1970: Yves Florence: *Leonor Fini, d'un Jour plus clair que le Jour*, Lambert-Monet, Genf.
1971: Jean-Paul Guibbert: *Leonor Fini Graphique*, illustrierte Monographie, La Guilde du Livre et Clairefontaine, Lausanne.
1971: Juan-Bautista Piniero: *Livre d'Images* (Vorwort für eine Ausgabe von zwölf Lithographien von L.F.), Mazo, Paris.
1971: K.H. Kramberg: *Schöne Liebe der Hexen* (Vorwort zu 83 erotischen Zeichnungen von L.F.), Kurt Desch Verlag, München.
1971: Severo Sarduy: *Merveilles de la Nature* (Vorwort zur französischen Ausgabe des vorgenannten Buches), J.-J. Pauvert, Paris.
1971: Gérard Denis: *Les dispositifs scéniques de Leonor Fini*, Maîtrise d'Histoire de l'Art, herausgegeben von M. Bernard Teyssèdre, illustriert, Paris, Sorbonne, 1971.
1972: Katalog der retrospektiven Ausstellung des Werkes von Leonor Fini in Japan (Tokyo, Kyoto, Osaka), 140 Seiten, 67 Illustrationen.
1973: Xavière Gauthier: *Leonor Fini*, le Musée de Poche, Paris, 1973, 153 Seiten, 65 Illustrationen.

Bücher und Kataloge:

1947: Edmund Wilson: *Europe Without Baedeker*, Farrar, Strauss and Giroux, New York, 1947.
1949: James Soby Thrall: *XX Century Italian Art*, New York.
1950: Raffaele Carrieri: *Pittura e Scultura d'Avanguardia in Italia*, La Conchiglia, Mailand.
1952: Klaus Mann: *Der Wendepunkt*, S. Fischer, Frankfurt a.M.
1957: *Bosch, Goya und die Phantasten*, Bordeaux, Museum.
1960: Ecole de Paris, Galerie Charpentier, Paris.
1961: René de Solier: *Art fantastique*, J.-J. Pauvert, Paris.
1961: Marcel Brion: *Art fantastique*, Albin Michel, Paris.
1961: Georges Bataille: *Les Larmes d'Eros*, J.-J. Pauvert, Paris.
1962: Patrick Waldberg: *Le Surréalisme*, Skira, Paris.
1964: Patrick Waldberg: *Le Surréalisme*, Galerie Charpentier, Paris.
1966: Labyrinth, Kunstverein, Berlin.
1968: *Trésors du Surréalisme*, Casino communal, Knokke-le-Zoute (Text von Patrick Waldberg), André de Rache, Brüssel.
1968: René Passeron: *Histoire de la Peinture surréaliste*, Livre de Poche, Paris.
1968: Louis Vax: *L'Art et la Littérature fantastique*, Collection »Que sais-je?«, PUF, Paris.
1968: Art érotique, Lund, Museum; Max Ernst: *Ecritures*, Gallimard, Paris.
1971: Xavière Gauthier: *Surréalisme et Sexualité*, Collection »Idées«, Gallimard, Paris.
1972: Patrick Waldberg: *Le Surréalisme*, Musée des Arts décoratifs, Paris.
1974: Sammlung Peggy Guggenheim, Paris, Orangerie.

Essays, Artikel, Gedichte (Auswahl):

1938: Giuseppe Marchiori: Visita a Leonor, *L'Orto*, Rom.
1938: Filippo de Pisis: Leonor, *Il Meridiano*, April, Rom.
1938: Paul Eluard: Le Tableau noir, *Donner à Voir*, Gallimard, Paris.
1943: Léon Koschnitzky: Shepherdess of the Sphinxes, *View*, Juni, New York.
1945: Fabrizio Clerici: Incontro con Leonor, *Quadrante*, Januar, Rom.
1945: Fortunato Bellonzi: Leonor Fini, *Domenica*, Juni, Rom.
1945: Klaus Mann: Leonor Fini e la Vitalità nell'Arte, *Cosmopolita*, Juni, Rom.
1945: Guido Piovene: Leonor Fini, *Nuova Europa*, Februar, Rom.
1946: André Chastel: Résurrection du Maniérisme, *Une Semaine dans le Monde*, November, Paris.
1946: Lise Deharme: Leonor, *Vogue*, Sommer, Paris.
1946: Libero de Libero: Magia di Leonor, *Fiera Letteraria*, 15. Juli, Rom.
1946: Marcel Zahar: Leonor Fini, *Beaux-Arts*, 18. Oktober, Paris.
1947: A.P. de Mandiargues: Leonor Fini, *Art et Style*, Januar, Paris.
1948: Paul Fierens: Vorwort zur Ausstellung L.F. im Palais des Beaux-Arts, Brüssel.
1950: Jean Bouret: Leonor Fini, *Arts*, 24. November, Paris.
1951: Jacques Audiberti: Leonor Fini, *La Table ronde*, Januar, Paris.
1951: Mario Praz: Leonor Fini, Pittrice Gotica, *Il Mondo*, August, Florenz.
1951: Jean Cocteau: Vorwort zur Ausstellung L.F., Venedig.
1952: Sherban Sidery und Frédéric Grendel: L.F.: La Personne et le Personnage, *La Gazette des Lettres*, April, Paris.

1954: *Aesculape*, Sondernummer Leonor Fini, März. Texte von Florent Fels, Jean Avallon, Virginia Clément u.a.
1955: *La Tour Saint-Jacques*, November-Dezember, La Peinture magique de Leonor Fini (Texte von Serge Hutin, Marcel Brion, Audiberti).
1955: Armand Lanoux: Leonor Fini, *Le Jardin des Arts*, Dezember, Paris.
1955: Alain Jouffroy: Interview mit L.F., *Arts*, 9. November, Paris.
1956: Armand Lanoux: Leonor Fini, *La Table ronde*, Dezember, Paris.
1956: Francis de Miomandre: Leonor Fini et son Art, *Hommes et Mondes*, Dezember, Paris.
1959: James Lord: Leonor Fini, *Les Lettres nouvelles*, März, Paris.
1960: Max Ernst: Vorwort zur Ausstellung, Kaplan Gallery, London.
1960: Marcel Jouhandeau: Leonor Fini, veröffentlicht im Programmheft des Théâtre Marigny, Paris.
1961: Jacques Audiberti: Leonor Fini, veröffentlicht im Programmheft des Théâtre de France, Paris.
1961: Luce Hoctin: Leonor Fini, *The Paris Review*, Frühjahr, Paris.
1962: Chez Leonor Fini, *L'Œil*, April, Paris.
1963: Edouard Roditi: Leonor Fini, *Arts Voices*, November, New York.
1965: Jan Kott: Leonor Fini ou la connaissance érotique, *Combat*, 10. Mai, Paris.
1965:. Jacques Brosse: Les Fêtes secrètes de Leonor Fini, *Arts*, 19. Mai, Paris.
1965: Yves Florence: Leonor Fini: Aux Sources de la Nuit, *Résonances*, Juni, Lyon.
1967: Robert Melville: Leonor Fini, *The New Statesman*, 16. Mai, London.
1967: Emir Rodriguez Monegal: La Pintura como exorcismo (Dialog mit L.F.), *Mundo Nuevo*, Oktober, Paris.
1967: Dino Buzzati: Leonor Fini, *Corriere della Serra*, November, Mailand.
1967: Marco Valsecchi: Leonor Fini, *Il Giorno*, 16. November, Mailand.
1968: Henri Guigonnat: L'Univers Magique de Leonor Fini, *Planète*, Juli-August, Paris.
1969: Max-Pol Fouchet: Le Monde de Leonor Fini, *Les Nouvelles littéraires*, Dezember, Paris.
1970: Janus: Vorwort zur Ausstellung in der Galerie Il Fauno, Turin.
1970: Robert Goffin: Vesper-Express (Leonor Fini) in *Phosphores Chanteurs*, Editions André de Rache, Brüssel.
1971: Xavière Gauthier: Le Filtre Magique de Leonor Fini, *La Quinzaine littéraire*, 16.-30. November, Paris.
1974: Gilles Plazy und Hugo Verlomme: Leonor Fini (Interview), *Le Quotidien de Paris*, Dezember.
1974: Jean Bouret: Leonor Fini, *Les Nouvelles littéraires*, Dezember.

Filme:
1951: *La Légende cruelle*, von Gabriel Pommerand und Arcady (Erster Preis des französischen Kurzfilms).
1959: Kurzfilm über Leonor Fini und ihr Werk von Jean-Marie Drot.
1966: Kurzfilm von Ivan Butler für das Fernsehen der französischen Schweiz.
1967: Jean-Emile Jeannesson bringt ein poetisches Porträt von Leonor Fini (Experimentalabteilung des ORTF).
1971: Wolfgang Habermehl: Leonor Fini, WDR-Fernsehen, Köln.
1972: Michel Henricot: Leonor Fini.
1974/1975: Michel Henricot: Leonor Fini auf Korsika und an der Loire.

Folgende Bücher, die Leonor Fini illustriert hat, sind noch erwähnenswert:

1943: André Pieyre de Mandiargues: *Dans les Années sordides*, Monaco.
1944: Sade: *Juliette*, Rom.
1949: Shakespeare: *Sonnets*, Darantière, Paris.
1950: Jean Genet: *La Galère*, Paris.
1950: *Portraits de Famille*, Druckgraphik mit Texten von Lise Deharme, Marcel Béalu, Francis Ponge, Jean Cocteau, André Pieyre de Mandiargues, Paris.
1953: E.A. Poe: *Contes fantastiques*, Société normande des Amis du Livre, Rouen.
1957: Jacques Audiberti: *Le Sabbat ressuscité par Leonor Fini*, Société des Amis du Livre, Paris.
1960: Gérard de Nerval: *Aurélia*, Polus et Jaspard, Monaco.
1961: Jean Potocki: *Le Manuscrit trouvé à Saragosse*, Sociéte bibliophile France-Amérique latine, Paris.
1962: *Histoire d'O*, von Pauline Réage, Cercle du Livre précieux, Paris.
1964: *Les Fleurs du Mal*, von Baudelaire, Cercle du Livre précieux, Paris.
1965: *Adieu*, von Balzac, Bibliophiles du Palais, Paris.
1965: *La Tempête*, von Shakespeare, Übersetzung von André du Boucher, Guillard, Paris.
1965: Jean-Paul Guibbert: *Jardins de Leonor Fini*, Leo Editeur, Montpellier.
1967: Paul Verlaine: *Œuvres poétiques*, Nouvelle librairie de France, Paris.
1967: Jacques Perret: *Les Sept Péchés capitaux*, La Diane de France, Nizza.
1967: E.A. Poe: Œuvres complètes, Vialletay, Paris.
1969: Paul Verlaine: *Parallèlement*, Editions Tartas, Paris.
1969: Charles Baudelaire: *La Fanfarlo*, Vorwort von Yves Florence, Editions de la Diane française.
1970: *Le Satyricon*, Editions Ariane Lancel, Paris.
1971: *Livres d'Images* (vierzehn große Lithographien, Text von Juan-Bautista Piniero), Editions Mazo, Paris.
1971: *Schöne Liebe der Hexen* (Erotische Zeichnungen, Text von K.H. Kramberg), Verlag Kurt Desch, München.
1971: Juan-Bautista Pineiro: *Descriptions merveilleuses*, Agori, Paris.
1972: Rachilde: *Monsieur Vénus*, Agori, Paris.
1972: Comtesse de Ségur: *Les Petites Filles modèles*, Arts et Valeurs, Paris.
1972: Leonor Fini: *Carnet de Chats*, Lambert Monet, Genf.
1973: Leonor Fini: *La Grande Parade des Chats* (Lithographien), Agori, Paris.
1973: Leonor Fini: *Histoire de Vibrissa*, Tchou, Paris.
1974: *Visages pour Délie*, Gedichte von Maurice Scève, Editions Ethis.
1975: Juan-Bautista Pineiro: *Les Etrangers*, Agori, Paris.
1975: Jean-Paul Guibbert: *Images de la Mort douce*, Paris.
1975: Leonor Fini: *Le Temps de la Mue, Paris*. Ed. Galerie Bosquet, Paris.